Brigitte Landes

Im Romanischen Café

Ein Gästebuch

Insel Verlag

Insel-Bücherei Nr. 1472

Inhalt

Im Romanischen Café

»Meine Damen und Herren, Ladies and Gentlemen, Mesdames et Messieurs – und rechts sehen Sie das Romanische Café, den Olymp der brotlosen Künste, den Sitz der Berliner Boheme«! – *Käse's Rundfahrten*, das erste und älteste Rundfahrtunternehmen Berlins macht am Ende des Kurfürstendamms, Nr. 238, einen Bogen um die Gedächtniskirche herum, die wie auf einer Insel steht, und lenkt die Blicke auf das damals berühmteste Kaffeehaus Berlins. Das neoromanische Haus mit den zwei hohen Ecktürmen, den hohen Bogenfenstern und seiner großen Terrasse gehörte zum Ensemble des Romanischen Forums rund um die Gedächtniskirche, das der Architekt Franz Schwechten nach den Vorstellungen Kaiser Wilhelms II. entworfen hatte.

Franz Hessel
Rundfahrt

Unter den Linden nahe der Friedrichstraße halten hüben und drüben Riesenautos, vor denen livrierte Männer mit Goldbuchstaben auf ihren Mützen stehen und zur Rundfahrt einladen; drüben heißt ein Unternehmen ›Elite‹, hüben ›Käse‹. Bequemlichkeit oder Kleinbürgertum? – Ich wähle ›Käse‹! [...]

Unser Rückweg passiert in der Hardenbergstraße die Hochschulen für Musik und bildende Kunst, einen einheitlich entworfenen Komplex von Gebäuden in hübschem Sandstein. Und dann geht es unterm Stadtbahnviadukt hindurch und zur Kaiser Wilhelm-Gedächtniskirche, vor der unser Wagen hält. Der Führer erklärt, dies Gebäude sei eine der schönsten Kirchen Deutschlands.

Nun ist leider noch heller Tag, da sieht man sie zu deutlich. Ach, wenn hier eine echte alte Kirche stünde – aus Zeiten stammend, die eine der andern den Torso ihrer Träume zu langsamem Weiterbauen übergab – und wenn nun heut an die altersgrauen Mauern und Zacken unter Engelleibern und Teufelsfratzen der wilde Rundverkehr der Trambahnen, Autos, Autobusse und Menschenmassen mit einem Echo aus Ruinenstein prallte – der ›Broadway‹ von Berlin-Charlottenburg mit seinen Cafés, Kinos, Leuchtbuchstaben

und Wanderschriften hätte ein Herz, eine Mitte, eine Resonanz. Statt dessen steht, seit dreißig Jahren immer noch wie neu, hier das Schulbeispiel einer sogenannten ›spätromanischen Zentralanlage‹ mit Hauptturm und Nebentürmen als massives Verkehrshindernis mitten auf dem Platz, und gegenüber dem Hauptturm einerseits und dem Chor andrerseits sind von demselben Architekten – wir wollen seinen Namen vergessen – noch aus Stilgefühl zwei gleichfalls romanische Häuser errichtet. Es muß abends schon gewaltig von ›Capitol‹ und ›Gloriapalast‹ und der Ufa am Zoo Licht herüberdonnern, um die steingewordne Schulweisheit etwas aufzulösen. [...]
– So, hier will ich, ehe der Wagen weiterfährt, aussteigen, nicht um in die Kirche, sondern ins Romanische Café zu gehen. Es ist Spätnachmittag, da ist es noch nicht zu voll. Ich finde die alten Münchner und Pariser Freunde. Fahrt ohne mich weiter, ihr richtigen Fremden!

* * *

Seinen Ruhm verdankt das Café seinen legendären Gästen. Hier begegneten sich die Schriftsteller, Journalisten, Verleger und Galeristen, die Theater- und Filmleute, die Komponisten, Kabarettisten und Sängerinnen. Der tägliche Besuch im »Industriegebiet der Intelligenz« war obligatorisch. Es war Nachrichten-, Tratsch- und Meinungsbörse – für manche ihr »zweiter Wohnsitz«.
»Das Lokal selbst war so farblos und frostig wie sein Name, abgeleitet von der spätwilhelminischen Romanik rund um-

her. Hier traf sich alles, was zwischen Rejkjavik und Tahiti von Beruf oder aus Liebhaberei mit den Musen und Grazien in irgendeiner Beziehung stand. Schräg gegenüber der Drehtür ein Büffet, das sich an architektonischer Abscheulichkeit und kulinarischer Geschmacklosigkeit mit jedem Wartesaal Preußens messen konnte. Darüber eine der wagenradförmigen Kronen, Serienproduktionen im standardisierten Makartstil. Und das in einem Lokal, in dem Slevogt, Orlik und Mopp täglich ihren Kaffee tranken«, schreibt der junge Autor und häufige Gast des Cafés, Günther Birkenfeld.

Bruno Fiering, der das Romanische Café 1916 eröffnet hat, hatte das Glück, nach dem Ende des Ersten Weltkriegs fast die gesamte Klientel und sogar einen Teil der Angestellten aus dem auch unter dem Namen »Café Größenwahn« legendär gewordenen Café des Westens übernehmen zu können, das sich nur wenige Häuser entfernt am Kurfürstendamm 18/19 befand. Im Café des Westens saßen bis 1913 die Künstler und Schriftsteller tagelang bei einer Tasse Kaffee und einem Glas Wasser, gründeten die avantgardistischen Kunstzeitschriften und Galerien, riefen Expressionismus, Futurismus und Dadaismus aus, schrieben Zeitungsartikel, Manifeste, Gedichte und ganze Bücher. Die Küche soll hervorragend gewesen sein, aber viele der Stammgäste konnten sie sich nicht leisten. Doch fanden die weniger Betuchten Mäzene, die den »brotlosen« Künstlern ihren Verzehr beglichen, und auch die Kellner trafen mit ihnen besondere Arrangements.

Else Lasker-Schüler hatte das Café zu ihrem zweiten Wohnsitz erklärt. Sie saß hier tagelang mit ihrem Mann Herwarth Walden, dem Gründer der Avantgarde-Zeitschrift *Der Sturm*, und ernährte sich vermutlich nur von Kaffee, wie die Schauspielerin Tilla Durieux zu berichten weiß, deren Mann Paul Cassirer, Galerist und Verleger, regelmäßiger Gast und einer der Mäzene war. In dem Briefroman *Mein Herz*, den Else Lasker-Schüler nach ihrer Trennung von Walden zwischen 1911 und 1912 schrieb, und der unter dem Titel »Briefe nach Norwegen« im *Sturm* vorabgedruckt erschien, tauchen fast alle Dauergäste des Cafés auf. In den Briefen geht es um Tratsch und Klatsch aus dem Alltag des Cafés; darin macht sie sich über ihre Zeitgenossen lustig und nimmt sich selbst dabei nicht aus:

»Was wir so alles durchmachen! Auch geht es mir materiell schlecht. Im Café habe ich große Schulden, beim Ober vom Mittag: ein Paradeishuhn mit Reis und Apfelkompott; beim Ober von Mitternacht: ein Schnitzel mit Bratkartoffeln und Preißelbeeren und ein Vanilleeis, ein ganzes zu fünfzig Pfennig. Martha Hellmuth, die Zauberin Hellmüthe in meinem St. Peter-Hille-Buch lieh mir einen Groschen fürs Nachhausekommen, sonst hätte ich Dir wieder mein Wort nicht halten können. Und nachher kam Rechtsanwalt Caro; er ist direkt ein gentleman, er gab mir für Dich zehn Mark; er sei Dir das schuldig. Als ich dann Lachs mit Buttersauce gegessen hatte, fiel mir ein, es war eine elegante Ausrede von ihm. Was man doch an Keingeld zu Grunde geht! Zwar Kleingeld vertrag ich noch weniger, ich bin von Hause nicht en miniature gewöhnt.«

Ernst Pauly, der Besitzer des Café des Westens, hatte eines Tages genau dieses »en miniature« satt, stellte also den großzügigen Umgang mit seinen Gästen ein, beschloss, sie künftig nicht mehr anschreiben zu lassen, verwies schließlich seine Stammkunden des Cafés und zog um an die Ecke Kurfürstendamm und Joachimsthaler Straße.
Else Lasker-Schüler machte ihrer Empörung über den Rauswurf 1913 in einem offenen Brief an Paul Block, den Feuilletonchef des *Berliner Tageblatts*, Luft.

Else Lasker-Schüler
Unser Café

Sire, Sie möchten etwas aus unserem Café wissen, aber unser Café ist schon seit ungefähr Pfingsten nicht mehr unser Café. Gestern las ich in einer Chicagoer Zeitung, die mir meine Schwester aus Amerika sandte, schwarz auf weiß, warum unser Café nicht mehr unser Café ist, bitte hören Sie, Sire. »Früher war das Stelldichein all dieser ›Radikalen‹ das Café Größenwahn. Aber eines Tages verbot der Besitzer der Dichterin Else Lasker-Schüler, die zu diesem Kreise gehört, das Lokal, weil sie nicht genug verzehre. Man denke! Ist denn eine Dichterin, die viel verzehrt, überhaupt noch eine Dichterin? Sie empfand das mit Recht als eine unerhörte Beleidigung, als schimpfliches Mißtrauen gegenüber ihrer dichterhaften Echtheit. Ebenso dachten die anderen. Daher verließen sie empört das Lokal.«
Ob das alles nun wortgetreu wiedergegeben ist, – jedenfalls begab sich die Schreckenstat an einem Sonntag, meine Seele wurde Werktag, bäumte sich auf und sehnte sich nach Revolution. Kein Vers, keine Stimmung, kein Pathos, nicht der schäumendste Überschwang hatte unsere Gemeinschaftlichkeit so fädenverstrickt zusammengerollt, wie diese unerhörte Begebenheit; Herr Café-des-Westens hatte mir, uns allen, das Betreten seines Cafés ein für allemal untersagt.

Ungeheuer! Allerdings, wenn ich auch nichts verzehrt hätte. Aber dem war nicht so, ich war gerade im Begriff, meine zweite Bestellung zu entrichten, Schokolade mit Sieb (da ich die Haut nicht mag), als Herr Café-des-Westens aus einer Ecke auf mich Lesende losstürmte und rief, es geht nicht, daß Sie hier sitzen bleiben, ohne etwas zu verzehren!!! Neben mir saß mein Reichskanzler Bisam O. Er ist feig, aber seine rosa Haare standen Hügel, wurden brandrot und sprühten Feuer. Dann kamen hintereinander meine verehrten Freunde, die Paschas, und die Schlacht begann.
Soll ich Ihnen nun noch über die früheren Ereignisse dieses Cafés erzählen oder genügt es, wenn ich Ihnen sage, Sire, daß wir dort die schönsten Abende, namentlich zu Zeiten Lublinskis, erlebten; den haben wir alle kolossal verehrt, und er lachte selbst herzhaft, wenn ihn der »Blümmner« nachahmte. Unser Zorn liegt nun über dem Café des Westens wie über einem verlorenen Paradies, in dem wir nicht sündigten, aber das an uns sündigte. Als wir auf der Straße standen, gedachten wir mit Wehmut des Gründers unseres verlorenen Cafés. Herr Rocco hatte es sich als besondere Freude angerechnet, daß wir Künstler in seinen Räumen verkehrten; wir Künstler haben sozusagen das Café des Westens mit auf die Welt gebracht, wir Künstler haben ihm das erste Feierkleid geschenkt, wir Künstler haben es zur Königin aller Cafés erhoben! Einer von uns hielt diese Rede in die Nacht hinaus, ich glaube, ich war's, und den Chor gaben meine tiefergriffenen Kameraden und Kameradinnen.
Allerdings war Rocco kein Bär, noch nicht einmal ein Tanzbär, keinesfalls ein Brummbär. – – –

Nur einmal in der Woche treffen wir uns nun im Café Josty am Zoo, wir wollen keine Kaffern mehr sein. Auf einer Erhöhung sitzen wir an zwei Tischen, und Sonnabend halten wir Geheimsitzung. (Unter Diskretion bitte.) Wir wollen Herrn Café-des-Westens zwingen, sich zu entleiben, ich schlage vor, mit dem Caféløffel. Bitte, hochverehrter Sire, kommen Sie doch unverhofft einmal, aber machen Sie sich keine Illusionen. Wir sind ganz leise und flüstern, scheint's, nur so von Mund zu Mund, lauter Spielereien. Wäre doch einmal nur einer größenwahnsinnig. Hysterisch sind nur Dilettanten. Manchmal aber reißt einer unseres Stamms schnaubend die Türe des Cafés Josty um Mitternacht auf, den Tubutsch im Gewande. Doch unsere größte Überraschung bleibt, wenn unser Sänger kommt, der Dresdener Hofopernsänger Franz Lindner. Aus der Liedertafel holte ihn mein Heimatfreund Paul Zech. Noch sitzt überfließender Tenor in seiner Kehle, er muß uns den Rest weich über den Tisch herüber singen. Dann kommt eine innige Freude des Beisammenseins über uns, denn wir Künstler sind Kinder.

* * *

Stammgäste waren, um nur eine Auswahl zu nennen: Erich Mühsam, Peter Hille, Dr. Alfred Döblin, Gottfried Benn, Else Lasker-Schüler und Herwarth Walden, Ferdinand Hardekopf, René Schickele, Ernst Blass, der sogenannte König der Schnorrer John Höxter, Georg Heym, die Kunsthändler, Galeristen und Verleger Paul und Bruno Cassirer, die

Brüder Ullstein, die Schauspielerin Tilla Durieux, Leonhard Frank, Egon Erwin Kisch, Carl Zuckmayer, der Regisseur Max Reinhardt, die Maler Ludwig Meidner, Emil Orlik und Max Slevogt, der Bildhauer Ottmar Begas, der auf den Marmorplatten der Tische Skizzen und Portraits der Gäste verewigte, Max Oppenheimer (Mopp), der Frühexpressionist Kurt Hiller, der zusammen mit Ernst Blass, Jakob van Hoddis, Georg Heym und Alfred Lichtenstein das »Neopathetische Cabaret« gegründet hatte.
Kurt Tucholsky war kein regelmäßiger Besucher des Cafés, obwohl er häufig als Renommiergast aufgeführt wird. Schon 1914 spottet Ignaz Wrobel, eines seiner fünf Pseudonyme, über eine in Berlin ausgebrochene neue Mode: das Kaffeehaus. Eine Betrachtung grundsätzlicher Art:

Kurt Tucholsky
Café-Kultur

»Daß das wahrhaft Gute sich immer durchsetzt, dafür liefert einen eklatanten Beweis das ... Café, welches sich trotz der Hochflut von Neuerscheinungen dauernd in der Gunst des Publikums auf dem Berliner Westen behauptet. Und dies kann auch bei der Originalität dieses Cafés kaum Wunder nehmen. Man empfindet immer wieder die wohltuende Wirkung abgetönter Beleuchtung, stilvoller Dekorationen und all dessen, was eine gediegene Innenarchitektur anregend und doch maßvoll geschaffen hat. Speisen und Getränke entsprechen der Fashionabilität des Lokals. Über dem ganzen schweben die Harmonien der Musik eines ..., eines Meisters fein anregenden Stils, während jeden Nachmittag der aus Rußland engagierte berühmte Geigenkünstler ... konzertiert. Inmitten dieses Milieus von nobler Ästhetik und wonnigem Behagen bei einer exakten Bedienung der nach Art der Pariser Boulevard-Cafés gekleideten Kellner seine Melange zu schlürfen, ist ein wahrhaft kultivierter Genuß. Und so hat sich denn auch das ... Café zu einem bleibenden Rendezvous der Leute von Geschmack in Berlin W. herausgebildet.«

Das ist eine Annonce, und das sind Phrasen. Gut. Aber ein Lokal, in dem man eigentlich nur etwas zu essen und zu trinken bekommt, wird wirklich von den Leuten von Ungeschmack so echt empfunden, wie es das Reklamegeschwätz unecht ausdrückt. Das Café hat in dieser Stadt eine ganz eigentümliche Entwicklung durchgemacht. Was es in Wien ist, weiß man, und wir Norddeutschen haben wohl von München gehört, dass Schriftsteller oder Schauspieler dieses oder jenes Café bevorzugten. Hier kannten wir dergleichen früher nicht. Es gab wohl eines, dessen Besucher auch nach außen hin nichts unterließen, um ihre inneren Fähigkeiten zu dokumentieren, aber im großen und ganzen hatten wir doch mehr Konditoreien, artige kleine Räume mit roten Samtmöbeln, in denen sich Liebespaare trafen, küßten und einen Apfelkuchen verzehrten.

Heute …! Heute sind wir so weit gekommen, dass der Berliner, der abends zu Hause bleibt, nächstens noch polizeilich bestraft wird. Man geht aus. Und die Psychologie der Ausgeher ist merkwürdig und unverständlich, wie ihr ganzes Gehaben. Das Café, das immer phantastischere Namen bekommt – wir haben schon ein Luxus-Café –, wird von diesen Menschen wirklich als ein sympathischer Kulturträger der Moderne empfunden. Nicht wahr, da ist ein rauchiger Raum, mehr oder weniger bunt, denn auch das gute Kunstgewerbe hat sich der Cafés angenommen, und meist sind sie hübsch und aufdringlich eingerichtet, dicke Rauchschwaden ziehen durch die Luft, hinten schnarrt und quiekt eine Kapelle, es riecht nach Bier, Kaffee, Speisen und vielen menschlichen Parfums. Ich habe eine Menge Cafés gesehen, solche mit Brillantenschiebern und Kokotten und einem biederen Künstlerpublikum und solche mit ausschweifenden

Bourgeois und mit Ladenjünglingen und ihren Verhältnissen ... Ich habe nie begreifen können, was die vor Langeweile glotzenden Besucher in diesen Räumlichkeiten wollten. Wahrscheinlich muß man einmal unter Menschen sein und sich den Wind der Großstadt um die Nase wehen lassen, und überhaupt etwas sehen, wofür der Berliner einen ungemein bezeichnenden Ausdruck geprägt hat: den Betrieb. Betrieb ist etwas Undefinierbares, erinnert leicht an das geschäftsmäßige Gebaren in einer Fabrik und faßt das Café wohl nicht zu Unrecht als Amüsier-Werkstatt auf. »Da ist ein mächtiger Betrieb« – das heißt: da gehen viele Leute hinein, kommen viele heraus. Das Ganze ist etwas lärmend, laut, knallig und durchaus nicht sehr wohlfeil. Die Caféhausbesitzer plakatieren geradezu: »Stimmung! Humor! Betrieb!« Es ist verwunderlich, woher sie das vorher so genau wissen. Sie wissens, weil der Berliner, gehorsam, wie er ist, sich sogar seine inneren Gefühle oder das, was er dafür hält, durch ein Reklameschlagwort oktroyieren läßt.

Aber wenn man schon oktroyiert: vielleicht reden wir dem Berliner noch das Heim auf? – Das eigene Heim ... wie er seine Mietswohnung zu titulieren beliebt? – »Heut gehn wa nich nach Hause, – heut gehn wa nich zu Bett ...!« – Passé, meine Lieben, passé! »Man« bleibt jetzt wieder zu Hause, in der letzten Zeit! – In England, die feinsten Leute, alles zu Hause! – Und ich bin überzeugt, wenn einmal *die* Mode aufkommt, die dem Berliner auferlegt, zu Hause zu bleiben, weil das schick sei, – er bekommt es fertig, sich um einen fingierten Kamin zu placieren, ein Buch hervorzuholen und gemütlich zu Hause zu bleiben. Das wäre der einzige Weg, ihn daran zu erinnern, dass er auch eine Wohnung besitzt. Und es steht zu hoffen, dass er an ihr so viel Geschmack gewinnen wird, dass er auch noch zu Hause bleibt, wenn es wieder schick ist, auszugehen.

* * *

»Noch war die Zeit nicht gekommen, in der Cafébesuch mir zum täglichen Lebensbedürfnis wurde«, notiert Walter Benjamin in seiner *Berliner Chronik*. Rückblickend räsoniert er über eine »Physiologie der Kaffeehäuser«.

Walter Benjamin
»Hauptquartier der Bohème«

Unser erstes Café war denn auch vielmehr ein strategisches Quartier als ein Ort der Siesta. Und damit ist es bereits unverwechselbar bezeichnet: Bekanntlich ist das Hauptquartier der Bohème bis in die ersten Jahre des Krieges hinein das alte Café des Westens gewesen. In diesem Café war es, daß wir in den allerersten Augusttagen miteinandersaßen und unter den Kasernen, auf die sich der Ansturm der Freiwilligen richtete, unsere Wahl trafen. Sie fiel auf die der Kavallerie in der Bellealliancestraße und da trat ich dann auch an einem der folgenden Tage an – keinen Funken Kriegsbegeisterung im Herzen, aber so reserviert ich in meinen Gedanken war, denenzufolge es sich einzig darum handeln konnte, bei der unvermeidlichen Einziehung sich seinen Platz unter Freunden zu sichern, in dem Schwall von Leibern, der sich damals vor den Toren der Kasernen staute, war auch meiner. Freilich nur für zwei Tage: Am achten trat dann das Ereignis ein, das diese Stadt und diesen Krieg auf lange Zeit für mich versinken ließ. Oft habe ich Heinle im Café des Westens gesehen. Wir hatten unsere Vereinbarungen dort meistens spät, gegen zwölf Uhr. Ich kann nicht eigentlich sagen, daß wir zur literarischen Bohème, die dort tagte, oder auch nächtigte, enge Beziehungen hatten, wir waren eine Gruppe für uns, die Welt unserer »Bewegung« war eine andere als die der Emanzipierten, welche uns dort umgaben, und es gab nur flüchtige Berührungen mit ihnen. Ein Mittelsmann zwischen beiden war eine Zeitlang Franz Pfemfert, der Herausgeber der Aktion; unsere Beziehungen zu ihm waren rein machiavellistischer Art. Auch Else Lasker-Schüler zog mich einmal an ihren Tisch; Wieland Herzfelde, damals ein junger Student war dort zu sehen, Simon Guttmann, von dem noch die Rede sein wird, aber damit ist diese Aufstellung schon bis an die Grenze unserer engeren Welt gekommen. Ich glaube, daß sie dem Café fremd war; die fieberhafte Konzentration, in die uns die Sorge um soviele einander konkurrierende Aktionen versetzte [,] die Organisierung der Freien Studentenschaft und die Entwicklung der Sprechsäle, die Ausarbeitung unserer Vorträge in größeren Schülerversammlungen, die Hilfe für bedrängte Kameraden, die Sorge um solche, die durch Verwicklungen in Freundschafts- oder Liebessachen gefährdet waren – schied uns von der saturierten geltungsbewußteren Bohème ab, die uns umgab. Heinle kannte wohl diesen und jenen aus ihr näher, etwa den Maler Meidner, der ihn gezeichnet hat, aber diese Beziehung blieb für uns unfruchtbar. In der Schweiz las ich dann eines Tages, das Café des Westens sei geschlossen worden. Sehr heimisch war ich darinnen nie. Damals besaß ich noch nicht jene Leidenschaft des Wartens, ohne die man die Annehmlichkeiten eines Cafés nicht gründlich empfinden lernt. Und wenn ich mich eines nachts auf dem Sofa, das um einen der Mittelpfeiler gebaut war, in dem rauchigen Raum warten sehe, so war es wohl eher ein fieberhaftes auf den Ausgang einer Verhandlung im Sprechsaal oder auf einen der Unterhändler, die in Aktion traten, wenn die Spannungen wieder einmal einen unerträglichen Grad erreicht hatten. Sehr viel vertrauter wurde mir das benachbarte Café, dessen Anfänge noch in die Zeit fallen, von der ich hier spreche. Das ist das Prinzeßcafé. Man wird beim Versuch einer »Physiologie der Caféhäuser« die erste, oberflächlichste Gruppierung in Berufs- und Vergnügungslokale vornehmen. Wenn man nun aber von den aufdringlichsten, industriell betriebenen Vergnügungsetablissements absieht, so wird man sehr bemerken, daß in der Geschichte der meisten Lokale die beiden Funktionsarten sich überdecken. Ein besonders greifbares Beispiel bietet dafür die Geschichte des Romanischen Cafés gerade vom Zeitpunkt ab, da der Besitzer des Cafés des Westens seine Stammgäste vor die Tür setzte. Sehr bald nahm das Romanische Café die Bohème auf und in den unmittelbar auf den Krieg folgenden Jahren konnte sie sich in ihm als Herr des Hauses fühlen. Der legendäre, nun schon tote Zeitungskellner Richard, ein Buckliger, der wegen seines schlechten Leumunds in diesen Kreisen in Ehren gehalten wurde – war das Emblem ihrer Herrschaft. Als die Konjunktur in Deutschland von neuem anstieg, verlor die Bohème zusehends die bedrohliche Atmosphäre, die sie noch in den Zeiten der expressionistischen Revolutionsmanifeste umwittert hatte. Der Bürger revidierte sein Verhältnis zu den Insassen des Café Größenwahn (so wurde das Romanische Café bald genannt)* und fand alles beim alten. In diesem Augenblick begann die Physiognomie des Romanischen Cafés sich zu ändern. Die »Künstler« traten in den Hintergrund, um mehr und mehr ein Teil des Inventars zu werden und die Bourgeoisie – vertreten durch Börsianer, Manager, Film- und Theateragenten, literarisch interessierte Kommis – begannen den Platz – und zwar als ein Vergnügungslokal – zu besetzen. Denn zu den primitivsten und unentbehrlichsten Zerstreuungen des Großstadtbürgers, der tagaus tagein inmitten einer unendlich vielgestaltigen gesellschaftlichen Umwelt in das Sozialgefüge seines Büros und seiner Familie gesperrt ist – gehört in eine andere Umwelt einzutauchen, je exotischer sie ist, umso besser. Daher die Künstler-, die Verbrecherlokale. Der Unterschied der beiden ist in dieser Hinsicht nur gering. Die Geschichte der Berliner Lokale ist zum guten Teil die der Publikumsschichten unter denen die, welche das Parkett eroberten allmählich nachrückenden den Platz zu räumen und die Bühne zu betreten haben.

* * *

* Der Name stammt aus dem alten Café des Westens, überlebte aber den Umzug seiner Gäste ins Romanische Café, was hin und wieder zur Verwechslung der beiden Kaffeehäuser führt.

Die ehemaligen Stammgäste des Café des Westens beklagen noch lange den Verlust ihres Kaffeehauses. Für Egon Erwin Kisch, den »Rasenden Reporter« aus Prag, ersparte das Café »sozusagen eine Wohnung, die man nicht unbedingt haben muss, wenn man ein Kaffeehaus hat«. Er fügt der Trauer über den Verlust des alten Cafés eine weitere Anekdote hinzu:

Egon Erwin Kisch
Die Gerächte Bohème

Vor und während des Krieges pflegte die Bohème im alten *Café des Westens*, Ecke Kurfürstendamm und Joachimsthaler Straße, zu sitzen. Jedermann war dort Stammgast, die esoterische Lasker-Schüler und der Filmdetektiv Stuart Webbs, der Journalist Ulrich Rauscher, der bereits dreieinhalb Jahre als bevollmächtigter Minister lebt, sowie der Dichter Erich Mühsam, der bereits dreieinhalb Jahre im Kerker des reaktionären Bayern zugrunde geht, Hanns Heinz Ewers, der an seinem Satanismus viel Geld verdient, sowie Otfried Krzyzanowski, der für seine Lyrik Hungers starb, der Kitschmaler Matejko, der die Plakatwände Berlins bekleckst, sowie der Maler Bernays, der gefallen ist. Hier pflegten alle zu sitzen, bevor sie bekannt oder der Gestellungskommission vorgeführt wurden, hier pflegte alles zu sitzen, was die »Aufmachung« und den »Betrieb« verabscheute, diese unübersetzbaren Götternamen Berlins; was sich nicht frei fühlte im eleganten Kaffeehaus mit Konzerten; alles, was etwas mit Kunst zu tun hatte oder zumindest dazugehören wollte. In denen, die kurzgeschnittene Haare hatten, Zigarren rauchten und Stehkragen trugen, ließen sich leicht Frauen erkennen, und die, die schmachtende Blikke um sich warfen und lange Haare und Anzüge mit freiem

Hals trugen, waren Männer. Außerdem hatte jeder seine persönliche Note, mancher Mann eine Halskette, manche Frau ein Monokel, dieser den Expressionismus, jener den Anarchismus, je nachdem. Alles war sehr originell, und wenn ungünstiges Wetter am Sonntag den Besuch des Zoologischen Gartens nicht erlaubte, so besuchten die Bürger das *Café des Westens* und verspotteten die dortigen Narren.

Es stimmt, große Zechen machten die Künstler dort nicht, bestimmt gaben sie nicht die Hälfte des Gebäcks an, das sie gegessen hatten, und oft sind sie auch das schuldig geblieben. Aber all das wurde reichlich wettgemacht dadurch, daß das Geld in Strömen floß, sobald es jemandem gelungen war, dem Verleger, dem Kunsthändler oder dem Theaterdirektor Vorschuß abzuluchsen. Auch dadurch, daß das *Café des Westens*, auch *Café Größenwahn* genannt, eine Sehenswürdigkeit für die Ausländer war. Kurz, der Kaffeehausbesitzer wurde zum reichen Manne, und sobald jemand reich geworden ist, will er das auch auf noble Art unter Beweis stellen. Deshalb entschloß sich Herr Pauly, die Künstler hinauszuschmeißen, die alten bemalten Marmorplatten zu verkaufen, die in allen Ehren verräucherten Wände mit geblümten Tapeten zu beziehen und überhaupt recht fein zu sein mit sehr viel Goldüberzug und Samt und Kitsch und mit einer Musikkapelle im Frack und mit hohen Preisen. Das war gar nicht schön von ihm, denn an der armen Bohème hatte er ja all sein Geld verdient und konnte auch weiterhin viel Geld verdienen. Doch nicht genug damit, daß er sie heimatlos machte, er lachte sie obendrein auf ganz geschmacklose Weise aus. Als er sein neues, geschniegeltes und gebügeltes Lokal eröffnete, ließ er überall ein Doppelplakat anschlagen: Auf der einen Seite war eine Gruppe hagerer langhaariger Künstler karikiert, und darunter stand: »Diese da sind traurig.« Auf der andern Seite waren Lebemänner mit Monokel und Weltdamen mit hohen Absätzen in idealisierter Pose dargestellt, und darunter stand: »Diese frohlocken«.

Die als traurig Abgebildeten waren tatsächlich traurig. Die Bohémiens gehen jetzt ins *Romanische Café*, in dessen kuppelförmiger Halle sie unter Kettenhändlern von der Rennbahn und Börsenspekulanten ein ziemlich geduldetes Dasein fristen. Der Kaffee muß sofort bezahlt werden, und das Gebäck ist genau abgezählt, und traurig denken sie an das schöne alte *Café des Westens* zurück ... Aber die jungen Lebemänner und die geschminkten Damen, auf den Plakaten als die lachenden Erben abgebildet, freuten sich, wie es scheint, über die Eröffnung des neuen Kaffeehauses doch nicht so, wie es dem Plakatmaler aufgetragen worden war. Oder aber die Freude war nur von kurzer Dauer, denn jetzt verkehrten sie dort nicht mehr. Die Musikkapelle spielt die schönsten Shimmys, die Plüschmöbel glänzen im schönsten Gold und Bordeauxrot, die Kellner tragen blendende Vorhemden, der Vorgarten hat herrliche Strandmöbel, und es fehlt nur das eine: die Gäste. Aber eben das scheint den Gastwirt zu ärgern. Er macht eine recht traurige Miene, wenn er am Eingang seines leeren oder halbleeren Vorgartens steht. Und die Miene wird wütend, wenn er seine ehemaligen Stammgäste vor dem Gitter stehen, iro-

nisch lächeln sieht oder gar den Spruch »Diese da sind traurig« zitieren hört.
Die Wanderungen zum Gitter des ehemaligen *Café des Westens* sind jetzt ein beliebtes Vergnügen, der einzige Lichtblick in diesen unerhört teuren Zeiten.

* * *

Nachdem die Heimatlosen die Jahre bis 1918/19 in umliegenden Cafés überbrückt hatten, gingen die Bohemiens nun ins Romanische Café.
Zugleich zog es eine jüngere Generation von Künstlern nach Berlin. Aus dem Kaiserreich war nach dem Ende des Ersten Weltkriegs eine Republik geworden. 1919 fanden die ersten freien Wahlen zur Nationalversammlung statt, es wurde das allgemeine Wahlrecht ab zwanzig Jahren eingeführt, wonach erstmals auch Frauen wählen durften. Die Hauptstadt der neuen demokratischen Republik befand sich politisch während der Weimarer Republik in einem anhaltenden Ausnahmezustand. Generalstreik, Spartakusaufstand, der Kapp-Putsch führten zu Straßenschlachten, die Reparationszahlungen an die Siegermächte nach Unterzeichnung des Versailler Vertrags zu Inflation bis zur Hyperinflation, zu wachsender Arbeitslosigkeit, Hunger und Wohnungsnot. Das gesellschaftliche Improvisationsklima, durch den Zusammenbruch der Wirtschaft heraufbeschworen, lockte die Künstler und Intellektuellen in die jetzt kosmopolitisch gewordene, von den kaiserlichen Restriktionen befreite Stadt, die 1920 durch Eingemeindung der Stadtteile

zur Millionenstadt mit fast vier Millionen Einwohnern geworden war. Es gab keine Zensur mehr in der »Republik ohne Gebrauchsanweisung«, wie Alfred Döblin sie nannte, Künstler und Intellektuelle waren frei in ihrer künstlerischen Produktion. Sie gewannen gesellschaftlich großen Einfluss wie nie zuvor und definierten ein Klima, das als »Tanz auf dem Vulkan« und als die »Goldenen Zwanziger« Legende geworden ist. Im Romanischen Café pulsierte der Geist der Zeit.

Der Berliner Westen, mit seinen noch in der Gründerzeit entstandenen wilhelminischen großen bürgerlichen Wohnhäusern, entwickelte sich zum kulturellen Zentrum der Stadt. Viele Künstler bezogen rund um den Kurfürstendamm Ateliers und Wohnungen, die »Neue Secession« hatte in der Kantstraße ihren Sitz, Theater und Kleinkunstbühnen schossen aus dem Boden wie Pilze: 1927 hatte Berlin an die fünfzig Theater, fünfundsiebzig Kleinkunstbühnen, drei Opernhäuser und drei große Varietés, über sechzig Zeitungen und Kunstzeitschriften, zweihundert Verlage, darunter die maßgeblichen wie Ernst Rowohlt, S. Fischer, Ullstein, Bruno Cassirer und Gustav Kiepenheuer. »Wer Berlin hatte, dem gehörte die Welt«, schrieb Carl Zuckmayer 1920 und: »Berlin schmeckt nach Zukunft, und dafür nimmt man den Dreck und die Kälte gern in Kauf.«

Der amerikanische Publizist Otto Friedrich schildert in seinem Berlin-Portrait *Morgen ist Weltuntergang* die Stimmung der zwanziger Jahre und beschreibt die jungen Künstler in den Kaffeehäusern – sie »kamen in Strömen und gaben sich angestrengt, um die ältere Generation zu schockieren« – als eine »kuriose Ansammlung von Menschen«: »Langhaarige, Kurzhaarige, Kahlgeschorene und mitten drin George Grosz, oft im Cowboy-Kostüm, gestiefelt und gespornt. Grosz war typisch für die Gruppe junger Künstler, die voller Empörung aus dem Krieg heimgekehrt waren und voller Energie und Zorn steckten.« Und weiter: »Mitte 1923 war ganz Deutschland wie von einem Fieberwahn geschüttelt. Wer eine Anstellung hatte, wurde täglich bezahlt, gewöhnlich zur Mittagszeit, um dann mit einem Sack voller Banknoten in den nächstgelegenen Laden zu rennen und zu kaufen, was man ergattern konnte, koste es, was es wolle. In ihrem Wahn und auf der Jagd nach Sachwerten bezahlten die Leute Millionen und Milliarden für Kuckucksuhren oder Schuhe, die nicht paßten. Entscheidend war allein der Tauschwert der Dinge.«

Über die Höhe des Honorars für einen Auftritt in der Philharmonie erfährt man von dem Pianisten Artur Schnabel: »›Ich ... mußte ... einen Mann bitten, mir meine Gage nach Hause tragen zu helfen. Unterwegs kamen wir an einem Feinkostgeschäft vorbei, und um meinen Helfer zu entlasten, investierte ich die Hälfte in ein Paar Würstchen. Am anderen Morgen entnahm ich der Zeitung, daß ich nun für die andere Hälfte nicht einmal mehr ein einziges Würstchen bekommen würde.‹«

Die Texte aus, in und über das Café berichten erstaunlich wenig von den politischen und sozialen Ereignissen, von Arbeitslosigkeit, den Kämpfen auf der Straße. Auch keine Zeile darüber, wie viel zu Zeiten der Hyperinflation beispielsweise eine Tasse Kaffee gekostet hat. Zwei Millionen?

Das Café hinter seinem wilhelminischen Gemäuer erscheint wie ein eskapistischer Ort, von dem aus man aus sicherer Entfernung, das unruhige Geschehen draußen beobachtete und darüber diskutierte. »So wussten wir alles, was in der Welt vorging, aus erster Hand, wir erfuhren von jedem Buch, das erschien, von jeder Aufführung, wo immer die stattfand, und verglichen in allen Zeitungen die Kritiken; nichts hat so viel zur intellektuellen Beweglichkeit [...] beigetragen, als dass es im Kaffeehaus sich [...] umfassend zu orientieren und sie zugleich im freundschaftlichen Kreise diskutieren konnte«, erinnert sich Stefan Zweig in seinen 1942 postum erschienenen Buch *Die Welt von Gestern. Erinnerungen eines Europäers.*

Ihrem politischen Engagement gaben die Künstler in den neuen Kabaretts Ausdruck. Georg Zivier berichtet: »Und gerade für die Kabarettisten war das ›Romanische‹ eine Art Operationsbasis, schon wegen seiner Lage. Wie die Satiriker der Presse, etwa Roda Roda mit der leuchtend roten Weste oder Alfred Polgar, wenn er in Berlin war, saßen auch die Kabarettisten beim Täßchen Kaffee mitten im ›romanischen‹ Stimmgebrodel und planten, berieten, notierten, poussierten oder ruhten sich aus; – hin und wieder der schmale aggressive Walter Mehring, sein vielseitiger Kollege Friedrich Hollaender, Komponist und Texter in Personalunion.«

Mit Roda Roda zusammen »saß oft auch Heinz Ullstein (damals ein zur Bühne tendierender Abtrünniger des großen Verlagshauses, später ein Retter der Tradition), und am

Roda-Roda-Tisch sollte er seine spätere Frau kennenlernen, seine Änne. Gemeinsam haben sie manchem Sturm Trotz bieten müssen. 1933 lagen die beiden in Scheidung. Aber als es gefährlich wurde, waren die Trennungsgründe belanglos geworden. Sie blieben zusammen. In ihrem Einstehen für einander haben sie alle Barrieren genommen. Als Heinz Ullstein von der Gestapo verhaftet und in der Rosenstraße interniert worden war, gehörte seine Änne zu den unerschrockenen Frauen, die dagegen zu demonstrieren wagten, auf offener Straße. Ein leider einzigartiger Fall während der NS-Zeit. Die Gestapo gab nach. Die Männer wurden aus der Haft entlassen.«

Im Romanischen Café herrschten andere Regeln als im alten Café des Westens. Die Gäste wurden zum Konsumieren angehalten, wer sich über Stunden mit einer Tasse Kaffee und einem Glas Wasser aufhielt, bekam den »Ausweis«. Ein Zettel wurde diskret auf den Tisch gelegt:
»Sie werden gebeten, unser Etablissement nach Bezahlung Ihrer Zeche zu verlassen und nicht wieder zu betreten. Bei Nichtbeachtung dieser Aufforderung würden Sie mit Maßnahmen wegen Hausfriedensbruch zu rechnen haben.«
In seinen Reminiszenzen an das Romanische Café beschreibt Georg Zivier, der als junger Journalist und Theaterkritiker regelmäßig im Café verkehrte, die üblen Folgen, die ein solcher Ausweis haben konnte:

Georg Zivier
»Darauf ein Schweigemoment«

Urplötzlich wurde unser Mittagsfrieden im noch halbleeren Café unterbrochen. Ein harter Knall vor der Terrasse ließ aufhorchen. Das klang böser als die Detonation eines geplatzten Reifens, viel böser. Darauf Gewirr und Getrappel und großes »Rhabarber«. Die Kaffeehausgäste drängten sich durch die Terrasse ins Freie und sahen den Portier und den Geschäftsführer in erregter Diskussion. Der Tschako eines Polizisten tauchte auf, und sogar Herr Fiering, der Besitzer des »Romanischen«, wurde sichtbar.
Die Frauen vom »Spinnwebtisch«, flügelschlagend wie aufgescheuchte schwärzliche Hühner, stießen schrille Schreie aus, Ursula von H. schluchzte nervenzerreißend und sank nahezu ohnmächtig in die starken Arme von Herrn Nietz. Inmitten der sich immer mehr vergrößernden Menschenansammlung aber lag ein graues Etwas, ein Wesen, das seine letzten Atemzüge tat.
Ursulas Ehemann, der ewige Student, hatte sich vor der ihm durch den »Ausweis« verschlossenen Tür des »Rachmonischen« erschossen. Doktor Dröhmann, von seiner Kaffeehausrunde »Daimonides« genannt, kam bedächtigen Schrittes, inspizierte den von eigener Hand Gefällten durch seine dämonische Brille, fühlte ihm den Puls und

zuckte fatalistisch die Achseln: »Exitus letalis«. Darauf ein Schweigemoment.

* * *

Doch waren es vor allem die mittellosen Künstler, die auf die Großzügigkeit der bekannten und arrivierten Gäste wie Paul und Bruno Cassirer, den Galeristen und Verleger Alfred Flechtheim, die Gebrüder Ullstein angewiesen waren, die die Atmosphäre des Cafés prägten und zu seinem Mythos beitrugen.

Auch Bertolt Brecht ging, 1923 in Berlin angekommen, als einer der »brotlosen« Künstler zum Aufwärmen ins Romanische Café. Im Dezember desselben Jahres notierte er in seinem Tagebuch:

»Vormittags hocke ich in diesem dunklen Eiskeller und schwanke zwischen einem Film für Frau Tschechow und einem Stück für Frau Durieux (›Johanna‹). Darüber verrinnt die Zeit, ich fülle sie mit Rauchen aus. [...] Dann bummle ich zur Warschauer, wo ich wie gewöhnlich esse [...]. Nach Tisch besuche ich Klabund im Romanischen Café, da er mir geschrieben hat. [...] Mit Klabund und einem grauhaarigen fidelen Herrn schiebe ich in eine Likörbude, wo ich süßen Kognak bekomme.«

Der Brotlosigkeit entsprechend bekam das Romanische Café den Spottnamen »Rachmonisches Café«. »Rachmonisch« stammt aus dem Hebräischen und heißt so viel wie erbärmlich, erbarmungswürdig. Die zahlreichen Anekdoten um die berühmt gewordenen Schnorrer lesen sich fast wie Heiligenlegenden. Einer der Heiligen, dessen sich alle Gäste gern erbarmten, war der Maler und Schriftsteller John Höxter. Auch »Ahasver« oder »Dante« genannt. Er war der ungekrönte König der Boheme. Mit seinem Monokel und auffälligen Hosen gab er sich das Aussehen eines Dandys und gehörte als wandelndes Lexikon und allseits geschätzter Schnorrer zum Inventar. Regelmäßig sammelte er von den Gästen 50 Pfennige ein und führte eine Liste darüber, von wem er das Geld einfordern konnte. Oft saß er mit Else Lasker-Schüler an ihrem Tisch: »Er sitzt immer wie ich auf einem edlen Araberpferd, deswegen können wir beide nie ganz verkommen.« Er zog mit der Bildhauerin Renée Sintenis durch die Nacht und mit der Diseuse Emmy Hennings durch die Kabaretts. Die Legenden um ihn sind reicher als sein spärlicher literarischer und zeichnerischer Nachlass.

Mit *So lebten wir* veröffentlicht er 1929 eine Sammlung von Anekdoten und Zeichnungen, die er von den Gästen im Café anfertigte, und Friedrich Hollaender widmet ihm in der Kabarettrevue *Um die Gedächtniskirche herum* 1928 ein Couplet, das unter dem Titel »Der Schnorrer« kursiert. Den Text verfasste Moritz Seeler:

Ich pendle langsam zwischen allen Tischen.
Ab zwanzig Uhr beherrsch ich dieses Reich.
Ich will mir einen edlen Gönner fischen.
Vor mir sind Rassen und Parteien gleich.
Irrenärzte, Komödianten,
Junge Boxer, alte Tanten,
Jeder kommt mal an die Reihe
Jeder kriegt von mir die Weihe:
Könnse mir fünfzig Pfennige borgen?
Nur bis morgen?
Ehrenwort!

John Höxter
Mihi est propositum in taberna mori ...

Wir sitzen im Café »auf Verdacht«,
Wir wissen nicht, wo wir bleiben zur Nacht,

Wir schlafen uns in der Ringbahn aus;
Wo wir erwachen, sind wir »zu Haus«,

Und hungern und wachen; will keiner borgen?
Doch sind das nur unsre kleinsten Sorgen.

Tatsächlich bekümmert uns zumeist
Die Grenze zwischen Stoff und Geist;

Ob relativ oder absolut
Unser Wissen sei von Böse und Gut;

Wie Willensfreiheit und Kausalität
In einer Welt zugleich besteht;

Wo sich das Subjekt vom Objekt trennt,
Und was man mit Recht »das Schöne« nennt;

Erkenntniskritik und Sprachkritik
Und leider, leider auch Politik.

Das »Ignorabimus«, das »Als ob«
Heizen mit strenger Lust den Kopp;

Und die grinsenden Bäuche ringsumher
Sehn wir nur wie durch Wolken und ungefähr.

Bis der Ober »Zahlen!« ruft und »Schluß!«
Und das Leben uns stellt vor sein hartes Muß.

Dann erwarten sanft das gehetzte Genie
Spritkocher und Bett der kleinen Mimi.

»Was ist ein Kaffeehausliterat? Ein Mensch, der Zeit hat, im Kaffeehaus über das nachzudenken, was die anderen draußen nicht erleben.« – Anton Kuh, der Journalist und Feuilletonist aus Wien, ein begnadeter Vortragskünstler und Essayist, zählt auch zu den Schnorrern. Er trägt ein Monokel wie John Höxter und tauschte seine Bleibe im Wiener Café Central mit dem Romanischen Café, wenn er nach Berlin kam und in Max Reinhardts Kabarett *Schall und Rauch* auftrat. Er schrieb für die *Weltbühne* von Siegfried Jacobsohn und die Zeitschrift *Querschnitt* des Galeristen Alfred Flechtheim. Er habe sich, so die Legende, sogar ein Zimmer im Nobelhotel Adlon von Herrn Adlon persönlich ergaunert. Arrogant und spöttisch, wie er gern beschrieben wird, habe er auf die Frage, wie er sich das denn leisten könne, geantwortet, seine Schulden beim Adlon seien so hoch, dass es schon praktisch ihm gehöre. Sein Spott ergießt sich auch über den Ort, an dem man ihn täglich vorfand: »In den geistigen Küchen Berlins wird für das Wissen ein Ersatzstoff verwendet: Die Informiertheit.« Als die Gestapo einen Tisch im Café bereits bezogen hatte, notiert er: »Ich würde mich schämen, im 1. Stock über Ausdruckstanz und Negerplastik zu disputieren, während im Parterre unter mir Menschen erschlagen würden.«

Anton Kuh
Ich bin ein Bohemien

sagen die Leute.

Sie machen dabei gnädige Augen und tolerante Mundwinkel, protegieren mich und schauen mich aus einer Höhe von 1500 Meter über dem Meeresspiegel an.

Bürger wie Literaten sind nämlich freundbrüderlich der Annahme, das Bohemientum sei eine Fasson froher Zerfahrenheit, ein selbsterwählter Zustand der Unordnung, so ein recht romantisches Drunter und Drüber.

Wer's so auslegt, war nie Bohemien.

Bohemientum ist in Wirklichkeit bloß der Ausdruck eines bestimmten, unerwünschten Wirtschaftszustands.

Legt mir 10000 englische Pfund auf den Tisch! – (Ausgleichsangebote an die Schriftleitung) – und ich verpflichte mich, fortan dem Beruf eines Bohemiens zu entsagen!

Für 12000 steh' ich mit dem ersten Hahnenschrei auf.

Für 15000 ... widerruf' ich diese Abhandlung.

Das sind die falschen Bohemiens, die sich ihre Lebensform nicht abkaufen lassen! Dilettanten, Dezimalspießer. Sie halten Ungenauigkeit für Kunst und huldigen dem schwanken Zeitmaß ihres Lebens als einer Blaublümelein-Idee.

Der Bohemien dagegen ist durch den Umstand charakteri-

siert, daß er's nicht gern ist. Der Bohemien will Ordnung haben. Der Bohemien möchte nachts schlafen. Sperrt alle Läden zu. Erinnert sich jedes Zettels. Zählt seine Barschaft. Überblickt seine Chancen. Verträgt kein Stückchen Holz zwischen den Zahnritzen. Und zahlt ... (Doch wissen es die wenigsten, weil er für die Bekundung dieser Pünktlichkeit und Korrektheiten eine andere als die übliche Zeit und Art erwählt.)
Kann ein Postbeamter pünktlicher im Amt erscheinen als der John Höxter im »Romanischen Café«? Oder gibt es einen Schulfuchs, der Rechnungen so zuverlässig prüft, wie ich sie wegwerfe?!
Der Bohemien, das ist der wahre Pedant.
Beispiel: ich.
Ich stehe nach der Uhr um 5 Uhr nachmittags auf; mit dem Glockenschlag 6 entzieh' ich mich meinen Korrespondenzen; schreite Punkt ½ 7 an die Arbeitsunterlassung.
Und genau um 6 Uhr früh liege ich wieder im Bett.
Darlehensbeträge werden von mir auf die Sekunde entgegengenommen. Ihre Rückerstattung erfolgt prompt nach Exekution. Verabredungen unterliegen peinlichst dem Zufall.
Ich kenne kein Abweichen von diesem Programm. Hier gibt es nur die unbedingte, gerade Linie des Prinzips.
Doch wem verdank' ich's?
Den Schurken, die mir Kredit und Beistand verweigern, indem sie lächelnd darauf hinweisen, ich als Bohemien hätte es doch nicht nötig.
Nichts als dies loyale Zutrauen, das sie in die Unberechen-

barkeiten meines Bohemientums setzen, hat mich zum Bohemien gemacht. –
Wer kauft mir mein Bohemientum ab?

* * *

Erich Mühsam
Boheme

Vor zwanzig Jahren wurde schrecklich viel über den Begriff der Boheme und des Bohemiens orakelt, und ich gehörte zu denen, die sich gelegentlich in Zeitschriften um die Klärung des wichtigen Problems bemühten, ob ein Bohemien als Produkt sozialer Gegebenheiten oder als ahasverischer Menschentypus anzusehen sei, wie er, unabhängig von Zeit und Umwelt, aus dem Zwang individueller Eigenschaften entsteht. In einem Artikel, den Karl Kraus 1906 in seiner *Fackel* druckte, habe ich mich, wenn mich mein Gedächtnis nicht täuscht, im Sinne der Auffassung ausgesprochen, daß Boheme die gesellschaftliche Absonderung künstlerischer Naturen sei, denen die Bindung an Konventionen und die Einfügung in allgemeine Normen der Moral und der öffentlichen Ordnung nicht entspreche. Wogegen ich besonders polemisierte, war die neckische Leutseligkeit, mit der die Verehrer des »munteren Künstlervölkchens« einen Taler springen ließen, um irgendwo ein gereimtes Dankeschön zu erwischen oder sich im Kreise von Malern, Dichtern und hübschen Modellen angenehm und ein wenig sündhaft unterhalten zu lassen.

Meine eigene Lebensführung entsprach so wenig den Anforderungen grundsatzfester Zeitgenossen an geregelte Ausgeglichenheit, daß das Bestreben, mich doch wie jeden Menschen irgendwo einzuordnen, nur durch die Etikettierung als Bohemien erreicht werden konnte. Die mit dieser Bezeichnung verbundenen Assoziationen werden gemeinhin von Murgers Zigeunerleben und Puccinis Oper hergeleitet, wo materielle Kalamitäten so lange mit leichtsinnigen Scherzen verpflastert werden, bis die Kunstjünger arrivieren und die Kapitulation vor sittenstrammer Moral und staatsbürgerlicher Korrektheit vollziehen. Man braucht nur an die ganz großen Bohemenaturen der Weltliteratur, etwa an Li Tai Pe oder François Villon, zu erinnern, um die Seichtigkeit solcher Vorstellungen zu zeigen. Ich habe gewiß viele recht vergnügte Stunden in Gesellschaft künstlerischer Menschen verlebt, und wir haben uns gewiß, wenn kein Geld da war, mit allerlei gewagten Mitteln zu helfen gesucht, weniger, um uns zu amüsieren, als um in häufig schlimmster Not unsere Kameradenpflicht zu erfüllen, aber daß das sozusagen organisierte Bummeln den Lebensinhalt geistig bewegter Persönlichkeiten ausgemacht hätte, dafür habe ich kein Beispiel gefunden. Weder Armut noch Unstetigkeit ist entscheidendes Kriterium für die Boheme, sondern Freiheitsdrang, der den Mut findet, gesellschaftliche Bindungen zu durchbrechen und sich die Lebensformen zu schaffen, die der eigenen inneren Entwicklung die geringsten Widerstände entgegensetzen.

Stimmt die Definition, dann habe ich nichts gegen meine Charakterisierung als Bohemien einzuwenden, dann ist aber auch klar, daß Boheme angeborene Eigenschaft von Menschen ist, die sich dadurch nicht ändert, daß der Freiheitswille nicht auf die Führung des eigenen Lebens in größtmöglicher Ungebundenheit beschränkt bleibt, sondern sich in Arbeit für die soziale Befreiung aller umsetzt. Bewußt oder geahnt – der Rebellentrotz der Fronde war bei all den Bohemenaturen lebendig, die nur je meinen Weg gekreuzt haben, ob sie sich aus dumpfen Proletarierkreisen, aus bigottischer Kleinbürgeratmosphäre, aus behütetem Bürgerwohlstand oder aus dem Museumsstaub adliger Herrenschlösser zur Freiheit der Künste und zur Geselligkeit auf sich selbst gestellter Menschen geflüchtet hatten. Ich kann nicht mit Bestimmtheit sagen und will in diesem Zusammenhange, der Beschränkung meines Themas wegen, keine Vermutung begründen, warum die Boheme von heute so gut wie völlig unsichtbar ist; denn die Meinungsbörse im »Romanischen Café« wird im Ernst wohl niemand als den Sammelplatz freier Geister, aus Protest Entwurzelter und freiwillig Abseitiger ansehen, der das alte »Café des Westens«, das Münchener »Café Stefanie«, das »Café du Dôme« in Paris und das »Café Landolt« in Genf gekannt hat, wenn auch der Schatten der einstigen Boheme in der Gestalt meines lieben alten John Höxter aus Erwerbsgründen noch Abend für Abend, ein Gruß vergangener Kulturen, durch das Industriegebiet der Intelligenz an der Gedächtniskirche geistert.

* * *

Die Boheme der 1920er Jahre war eine andere geworden. Das neue Lebensgefühl, die »Neue Sachlichkeit« verwandelten den »Wartesaal des Genius« in eine Börse für Kulturschaffende. Man ging hin, um die neuesten Nachrichten auszutauschen – und last, not least, um zu sehen und gesehen zu werden.

»Tür auf, Tür zu, hier geht es zu wie auf einem Bazar«, beschwert sich Else Lasker-Schüler. Das Innere des Cafés betrat man durch eine Drehtür. Herr Nietz, der Portier, kontrollierte den Einlass streng von seiner Loge aus. Neben der Tür befanden sich zwei Telefonzellen, von denen immer eine besetzt und die andere außer Betrieb war. Der schreibenden Zunft stand, ebenfalls direkt neben dem Eingang, der vollständige Brockhaus zur Verfügung.

Links der Drehtür befand sich das »Schwimmer-Bassin«, ein kleinerer Raum mit etwa zwanzig Tischen, in dem die Stammgäste saßen – die Journalisten, die Verleger, die Galeristen, die Schriftsteller, die Kabarettisten, die Theaterleute, die Filmleute, die Maler. Zwischen den Tischen herrschte eine große Fluktuation. Im »Nichtschwimmer-Bassin«, rechts der Tür, mit sechzig bis siebzig Tischen, saßen die Besucher, die Neugierigen und die, die sich noch keinem Stammtisch zuordnen ließen. Der prominenteste und älteste Stammtisch befand sich allerdings im »Nichtschwimmer-Bassin«. Er gehörte den Malern, den »Pinselprofessoren«. An ihnen musste jeder Besucher vorbei. Eine Treppe mit einem geschwungenen Eichengeländer führte auf eine Galerie. Hier saßen die Schachspieler – Schachweltmeister Emanuel Lasker, der ehemalige Schwager von Else Lasker-Schüler – und der Schriftsteller Roda Roda spielte Schach mit Bertolt Brecht.

Géza von Cziffra
Brechts Stammtisch

Wenn man durch die Drehtür, die fast unentwegt rotierte, das Café betrat, stand man vor der Entscheidung: links oder rechts. Dies war keineswegs ein politisches Problem. Eine politische Rechte gab es im »Romanischen« nicht, höchstens einige wenige, die später, nämlich nach 1933 umgefallen sind. Wie zum Beispiel der allzu progressive Arnolt Bronnen, einst Bert Brechts bester Freund und Kampfgefährte, der Autor des expressionistischen Stücks *Vatermord*, der später im Mozartsaal bei der Premiere von Erich Maria Remarques *Im Westen nichts Neues* an der Spitze einiger junger SA-Männer weiße Mäuse in den Zuschauerraum laufen ließ. [...]

Das »Romanische« war für viele Künstler Zuhause, Heimat, Anfang und Ende. Kurt Tucholsky, der viel herumreiste, weil es ihn an einem festen Ort nie lange hielt, sagte: »Alle Wege führen nach Berlin zurück. Und ins Romanische.« [...]

Brecht hatte auch einen Stammtisch, aber er war selten dort. Er gehörte zu den Wanderern zwischen den Tischen. Mal saß er hier, mal saß er dort. Oft verschwand er im ersten Stock bei den Schachspielern. [...] Auch Kurt Tucholsky saß, wenn er sich in Deutschland aufhielt, manchmal an

Brechts Stammtisch und hie und da Ödön von Horváth, der eigentlich Kneipen dem »Romanischen« vorzog. Aber lange hielt [es] keiner an diesem Tisch aus, denn das Brecht-Gefolge kannte nur ein Thema: Brecht, und auf die Dauer war das langweilig. Ich fragte einmal Brecht: »Warum sitzen Sie so selten an Ihrem Stammtisch?« Brecht zuckte die Achseln: »Was soll ich da? Die reden nur über mich und höchstens noch über Karl Marx. Immer, wenn ich denen länger zuhöre, bilde ich mir ein, ich hätte Marx beeinflußt.« Er kaute an seiner Zigarre und fügte hinzu: »Dann sitze ich schon lieber am Ärztetisch. Dort wird über Darmverschluss, eitrige Blinddärme und ähnlich appetitliche Dinge gesprochen.«

Den Ärztetisch nannte man so, weil dort tatsächlich Ärzte saßen, die aber nebenberuflich auch schrieben, oder umgekehrt. Der Skeptiker Dr. Alfred Döblin hatte seine Praxis in einem Arbeiterviertel am Alexanderplatz, er hielt nicht viel von der Menschheit. Daher sein Spitzname »Medizyniker«. [...] Dr. Gottfried Benn praktizierte in Charlottenburg und schrieb nebenbei, er war Lyriker. Dort besuchte ihn der Dichterkollege Joachim Ringelnatz, als er in Berlin wohnte. [...]

Einmal hatte Kuttel Daddeldu, wie Ringelnatz sich in seinen Gedichten nannte, schon am Nachmittag mehr getrunken als sonst. Das erklärte er so: »Ich habe meine Abendration auch schon intus. Ich gehe ins Theater, und dort wird nicht serviert.« Er schwieg eine Weile nachdenklich, dann fügte er hinzu: »Und die Pause ist zum Saufen zu kurz.« Angetrunken wie er war, wetterte er gegen Gott und die Welt.

Und auch gegen die Ärzte. Er nannte sie »Beutelschneider«.
Gottfried Benns Frau, ebenfalls Ärztin, die zufällig anwesend war, polterte los und redete Ringelnatz mit seinem richtigen Namen an, weil sie wußte, daß er sich darüber ärgerte:
»So was dürfen Sie nicht sagen, Herr Bötticher! Heutzutage schon gar nicht. Fragen Sie Döblin, die Hälfte seiner Patienten zahlt ihm überhaupt kein Honorar.«
»Ich muß denen noch die Medikamente schenken«, bestätigte Döblin.
»Ja, ja, ich weiß«, höhnte Ringelnatz. »Die Ärzte sind alle Engel und kommen in den Himmel.«
Brecht mischte sich ein: »Ja, aber nur durch den Lieferanteneingang.«

* * *

Der Dichter und Freund Brechts, Klabund – der Künstlername ist eine Zusammensetzung aus Klabautermann und Vagabund –, lässt den Bürger sonntags ins Café gehen, um die jungen Frauen als Beute zu betrachten. Es ist wie ein mit Worten gemaltes Bild von George Grosz oder Otto Dix, die in ihren Bildern die Bigotterie und Verkommenheit des preußischen Spießbürgers anprangern.

Klabund

Ein Bürger spricht

Am Sonntag geh ich gerne ins Café.
Und treffe viele meinesgleichen,
Die sich verträumt die neuste Anekdote reichen –
Und manche Frau im Negligé.

Sie sitzt zwar meist bei einem eleganten
Betrübten Herrn –
Ich sitz bei meinen Anverwandten
Und streichle sie von fern.

Ich streichle ihre hold entzäumten Glieder
Und fühle ihr ein wenig auf den Zahn.
Der Ober lächelt freundlich auf mich nieder.
Ein junger Künstler pumpt mich an.

Bei dem mir angetrauten Fleisch lieg ich dann nachts im
  Bette
Und denke an mein Portemonnaie.
Wenn ich ihm doch die fünf Mark nicht geliehen hätte!
O süße Frau im Negligé!

Joseph Roth
Richard ohne Königreich

Richard der Rote sieht aus wie ein vertriebener König. Ihm fehlt nur noch ein Shakespeare, damit seine Tragik sichtbare künstlerische Gültigkeit erlange. So wandelt er umher, ein Dramenstoff ohne Dramatiker. In fremden Cafés sitzt er und läßt sich – o Jammer! – Zeitungen reichen. Richard, dereinst unbeschränkter Beherrscher des gesamten in- und ausländischen Lesestoffs, läßt sich von anderen Zeitungskellnern Blätter geben. Er, der sozusagen das *ius primae noctis*, das Entjungferungsrecht über die frischesten Nummern hatte, empfängt Zeitungen aus zweiter Hand! …

Was?! Die Welt weiß am Ende gar nicht mehr, wer Richard ist? Richard, der Zeitungskellner aus dem »Café des Westens«? Richard, der seinen Buckel trug als körperliches Abzeichen geistiger Würde; den Buckel als das Signalement der Weisheit und Romantik. Sein körperliches Mißratensein glich Rangunterschiede aus und stellte den Zeitungsträger mindestens in die Reihe der gradegewachsenen Zeitungsschreiber. Im Romanischen Café, der neuen Wahlheimat der Berliner Boheme, bedient ein schlank zu nennender Zeitungskellner. Er hat alle Blätter, das Wiener Journal, das Prager Tagblatt und sogar die La-Plata-Zeitung. Aber mir fehlt sein Buckel! Mein Blick rutscht auf seinem langweilig

abschüssigen Rücken herunter und hat keinen Halt. Seine Blätter sind irgendwo unvollständig. Seine Existenz als Literaturträger ist nicht in allen Punkten gerechtfertigt.
Da war der rote Richard ein anderer! Er war rothaarig. Er war eigens erfunden vom literarischen Beirat des lieben Gottes und vom Pressechef des Himmels zum Zeitungskellner ausersehen. Er sah Generationen von Literaten kommen und gehen. Sie verschwanden in Gefängnissen und Ministerstühlen. Sie wurden Revolutionäre und Attachés. Und sie blieben ihm alle Geld schuldig. Er wußte den Weg, den sie machen würden, kannte den Stil, den sie schrieben. Wußte, wo sie nachgedruckt worden waren, und erzählte es ihnen. Er reichte ihnen die Zeitung mit der Nachricht, gewissermaßen die Botschaft mit der Schale. Und wenn sie unbekannt waren – er förderte sie. Im Glasschrank des »Cafés des Westens« hingen, wie Präparate in einer Versuchsanstalt, die Erzeugnisse unbekannter Lebender: ein Porträt, ein Plakat, das zum Besuch eines literarischen Abends aufforderte, eine neue Zeitschrift, die Richard den Gästen anbot. Richard war ein *Mäzen.*
Am Nachmittag, wenn es still war, schrieb Richard an seinen Memoiren. Diese Memoiren sind nie fertig geworden. Es scheint, daß Richard, der stets einen guten Geschmack bewiesen hat, es endgültig für unnütz hält, Memoiren zu schreiben, nachdem so viele Unbefugte sich darin versucht haben: Ihn dürstet es nicht nach dem Ruhm, mit Ludendorff und Wilhelm genannt zu werden.
Allerdings: Mit allen Memoirenschreibern der Nachkriegszeit hatte Richard doch etwas gemein: Auch er *kann nie in*

den Krieg, in den Schützengraben. Man musterte erst die Schwindsüchtigen aus – die Buckligen waren noch nicht dran. Wenn man aber Richard mit erkünstelter Verwunderung fragte, weshalb er noch nicht eingezogen wäre, neigte er sich über den Tisch des Fragers und flüsterte ihm ein *Geheimnis* ins Ohr: »Wissen Sie – sagen Sie's nicht weiter –, ich habe nämlich – *Plattfüße* ...«

Ich entsinne mich jener schmerzlichen Nacht, in der das alte »Café des Westens« für immer geschlossen wurde und Richard unsere Unterschriften sammelte. Dieses Einfangen der Unsterblichkeit in ein Stammbuch war seine letzte Handlung im Dienste der Literatur. Dann verschwand Richard, und es dauerte eine Weile, ehe er im Romanischen Café auftauchte. Wer weiß, wieviel Schmerz er da empfunden hat, als er in seine Heimat kam als Gast und Fremdling! Zeitungen fordernd, statt sie zu vergeben?! ...

Eine Zeitlang hieß es, Richard würde ein *neues Café des Westens* eröffnen. Nichts wäre natürlicher gewesen. Seine körperliche Eigenheit, seine Tradition, seine Gesinnung befähigten ihn zu einem Gastgeber der modernen Literatur. Aber nichts dergleichen geschah. Richard eröffnete kein Café. Er war nach einem halben Jahr vergessen. Nicht nur, weil man ihm Geld schuldete. Er war aus historischen Gründen vergessen wie ein Schriftsteller, der sich überlebt. In einem Film, der das Milieu des Berliner Westens behandelte, war Richard einmal eine Rolle zugewiesen worden. Der Film rollt jetzt weiß Gott in welcher Provinz. – *Zweimal* hing Richards Porträt, von berühmten Künstlern gemalt – einmal vom Maler König –, in der *Sezession.* Die Kunst gab ihm, was dem Mäzen gebührt. Heute hängen die Porträts in irgendwelchen kalten Salons, in denen man keine Ahnung von Richards Persönlichkeit hat ... Und schon ist eine neue Literatengeneration im Heranwachsen, an deren Wiege nicht mehr der rote Richard steht. Sie werden ihn nicht kennen, den roten Richard!

Eines Tages zeigte er mir eine *Schachtel mit Schmetterlingen.* Es waren wunderbare Schmetterlinge, Falter, samtene, bunte, rote und schwarzrote und gelbe. Irgend jemand hatte ein Verfahren erfunden, durch das toter Schmetterlinge feiner Schmelz ewiglich erhalten bleiben konnte. Richard verkaufte solche Schmetterlinge, gewissermaßen balsamierte Schmetterlinge, als *Broschen.* Es gibt Frauen, die Insektarten auf der Brust tragen, dachte ich. Richard ist gesichert.

Ein paar Monate später sah ich bei Richard eine Karte von *Leopold Wölfling*, dem bekannten Erzherzog aus dem Hause Habsburg. »Lieber Richard«, fing die Karte an. Die Ähnlichkeit ihrer historischen Schicksale hatte sie zusammengebracht. Richard der Rote, der Exkönig, und Leopold Wölfling, der Exprinz, waren *Freunde.* Leopold Wölfling sollte in Wien eine *Schmetterlingsexpositur* eröffnen. Aber die Damen machten sich nichts aus Schmetterlingen. Man trägt Broschen an heiklen und gefährdeten Stellen – und *so* gesichert war der Schmelz der Falterflügel doch nicht, daß er der energischen Offensive eines Mannes standgehalten hätte! Ja, wenn Richard einen originellen Blusen*ausschnitt* erfunden hätte! – Er wäre gerettet. Er aber hatte einen *Verschluß* in Mode bringen wollen. Die Zeit ist nicht mehr für Verschlüsse.

Das Geschäft ging nicht, und Richard geht es nicht gut. Sein Schicksal, das ihn, scheint es, trotz allem immer wieder auf den Weg der Aktualität stößt, hat ihn, just ihn, den *Rathenau-Mord* entdecken lassen. Richard kam gerade die Königsallee entlang, *zehn Minuten nach dem Attentat.* Er wußte, was man in solchen Fällen tut. Richard telephonierte an die Zeitungen. Wenn er nicht gewesen wäre, die Extrablätter hätten eine Stunde länger auf sich warten lassen.

Noch einmal ist Richard nicht in Verbindung mit der Geschichte getreten. Er sitzt jeden Abend in einem kleinen Café am Kurfürstendamm und liest Zeitungen; Zeitungen aus zweiter Hand. Er soll ein paar Papiere an der Börse haben, heißt es. Vielleicht lebt er davon. Seine Seele lustwandelt in den Gefilden der Vergangenheit. Die Wehmut, die mich bei seinem Anblick erfüllt, gleicht jener, mit der ich eine alte Zeitungsnummer betrachte oder ein altes Feuilleton von mir selbst.

So teuer ist mir Richard ...

* * *

Joseph Roth kam 1920 aus Wien nach Berlin. Er war Mitarbeiter des Börsenkuriers und später Korrespondent der *Frankfurter Zeitung*. Noch 1923 veröffentlichte er in der *Neuen Berliner Zeitung* diesen Nachruf auf das alte Café mit seinem berühmten Zeitungskellner Richard.

Géza von Cziffra
Wie ich Joseph Roth kennenlernte

Kennengelernt habe ich Roth in Berlin in dem legendären Romanischen Café Ende des Jahres 1924; es kann aber auch – dies nur für Genauigkeitsfanatiker – Anfang 1925 gewesen sein.

Unsere erste Begegnung war eine Groteske, sein Tod eine Tragödie. Zwischen dem ersten Händedruck und dem kurzen Nekrolog, den ich in einer Budapester Zeitung in ungarischer Sprache – in seiner Sprache, die er so meisterhaft beherrschte, hat man über ihn nicht schreiben dürfen – abfaßte, lagen nur vierzehn Jahre. Als ich zum erstenmal ihm gegenüberstand, wußte ich nichts von ihm; ich wußte nicht, wer er war, und bei seinem Tode ahnte ich es nur. Auch die Nachwelt brauchte Jahrzehnte, um seine wirkliche Größe zu erkennen – und gleichzeitig zu verkennen.

Um die Komik unserer ersten Begegnung überhaupt für möglich zu halten, muß man die allerdings schon sehr oft beschriebene Atmosphäre des Romanischen Cafés kennen. Das »Romanische« war das Caféhaus der unbegrenzten Möglichkeiten, der Treffpunkt unzähliger Menschen gegensätzlicher oder auch gleichgesinnter Lebensauffassung. Um hier ein Außenseiter zu sein, mußte man schon sehr aus dem Rahmen fallen; und Joseph Roth war ein Außenseiter.

Das Café erhielt den Namen von einem im pseudoromanischen Stil erbauten Eckhaus, in dem es sich befand. Die eine Seite des Cafés, mit der großen Terrasse, lag zur Tauentzienstraße, die andere, weitaus kleinere, zur Budapester Straße. Wenn man durch die Drehtür, die unentwegt in Bewegung blieb, das Café betrat, stand man vor der Entscheidung: links oder rechts. Dies war kein politisches Problem; im »Romanischen« war man immer links, in welche Richtung man auch ging. Hier saßen keine Vertreter der Rechten, dafür aber die verschiedensten Schattierungen der Liberalen, Sozialisten, Kommunisten und Anarchisten.
Vor der Drehtür links, im kleineren Raum, standen die Stammtische der mehr oder weniger arrivierten Schriftsteller, Maler, Journalisten und Schauspieler. Man nannte diese linke Seite »Schwimmbassin« oder »Schwimmerabteilung«, da die Gäste, die Tag für Tag hier saßen, wenn sie schon nicht in gesicherten Positionen waren, sich zumindest finanziell immer über Wasser halten konnten. Einige waren schon damals prominent, die Mehrzahl auf dem Wege zur Berühmtheit; und manche sind es erst Jahre oder auch Jahrzehnte später geworden.
Ich würde Seiten dazu brauchen, um alle Namen aufzuzählen, die dort verkehrten, angefangen von dem Komponisten Paul Abraham über Bert Brecht bis zu Carl Zuckmayer. Nur: Abraham hatte noch keine einzige Operette in Berlin lancieren können, Brecht hatte die »Dreigroschenoper« noch nicht geschrieben und Zuckmayer nicht den »Fröhlichen Weinberg«, vom »Hauptmann von Köpenick« gar nicht zu reden. Für mich waren sie, und noch viele an-

dere, nichts weiter als nette oder weniger nette Menschen, flüchtige Bekannte oder gute Freunde, die Glorie der Berühmtheit überstrahlte ihre Namen erst viel, viel später. Vorläufig waren sie nichts weiter als Tischgenossen, Kumpel in der Nacht. Ich sah sie aus unmittelbarer Nähe als Menschen mit kleinen und großen Fehlern, sympathischen oder unausstehlichen Eigenschaften. Meistens kannte ich ihre Intimsphäre, ihre Geldnöte, ihren Kampf ums Dasein oder um den Erfolg. Meine Erinnerung sieht sie aus einem ganz privaten Blickwinkel; auch Joseph Roth, der eine Weile, wenn auch mit größeren Unterbrechungen, zu den Stammgästen des »Schwimmbassins« gehörte.

Zuerst saß er allerdings rechts von der Drehtür, in der sogenannten »Nichtschwimmer«-Abteilung. Auch diejenigen, die hier die Tische stundenlang besetzt hielten, waren Stammgäste. Sie hatten jedoch keine Stammtische, sie saßen immer wieder woanders, möglichst weit von dem Rayon des Kellners entfernt, dem sie am Tag zuvor die Zeche schuldig geblieben waren.

In einer Hinsicht war die Schwimmerabteilung unbequem; die Toiletten befanden sich am anderen Ende des Lokals, man mußte das ganze Nichtschwimmer-Bassin durchqueren, um dorthin zu gelangen. Ein langer und gefährlicher Weg für jeden Schwimmer, die allesamt in dem Ruf standen, wenigstens einigermaßen bei Kasse zu sein; sie wurden auf dem meist dringenden Weg fast immer angepumpt.

So erging es eines Tages auch mir, als mich ein kränklich aussehender Mensch vor der Toilettentür anhielt:

»Sie sind doch der Géza von Cziffra, der in der ›Welt am Abend‹ schreibt?«

»Gelegentlich«, sagte ich.

»Geben Sie mir fünfzig Pfennig!« forderte mich der Unbekannte sehr energisch auf und hielt die Hand hin.

Ich erkundigte mich:

»Wollen Sie einen Kaffee trinken?«

»Im Gegenteil! Machen Sie schnell, sonst mach' ich in die Hosen. Ich schulde dem Kerl da drin so viel, daß er mich nicht mehr auf die Brille läßt.«

Ich gab ihm eine Mark, und der Mann verschwand im Klo.

Ich wandte mich an Richard, den buckligen und fuchsroten Zeitungskoordinator, der in der Nähe stand, und erkundigte mich bei ihm, wer der Mann sei.

»Er heißt so, wie ich aussehe«, sagte er und deutete auf seine Haare. »Roth, Joseph Roth.«

»Ein Schnorrer?«

Richard protestierte.

»Aber nein! Er ist Journalist und hat auch schon ein Buch geschrieben. Wenn er Geld hat, schmeißt er es mit beiden Händen heraus, und dann ist er tagelang pleite.«

»So pleite, daß er keine fünfzig Pfennig hat?«

»Der alte Kalle ist sauer auf ihn«, erklärte mir Richard. »Roth hat schon ein paarmal seinen Laden vollgekotzt. Er säuft nämlich wie ein Loch.«

Das waren die Auskünfte, die ich über die Persönlichkeit Joseph Roth erhalten habe.

Einige Tage später, am frühen Nachmittag, als das »Roma-

nische« noch leer war, erschien Roth im Schwimmbassin, legte eine Mark und ein Buch auf den Tisch und setzte sich. Das Buch hieß »Hotel Savoy«, es war Roths erster Roman, erschienen in dem jungen Verlag »Die Schmiede«.
»Sie kennen Gott und die Welt«, sagte er zu mir, »und ich kenne hier keinen Menschen. Die Kerle boykottieren mich, Sie können sicher einige Ihrer Freunde überreden, eine Besprechung über mein Buch zu schreiben.«
»Das sollte doch Ihr Verleger tun«, meinte ich.
»Der Salter hat viele Feinde, und die sind jetzt auch meine Feinde.«
Ich versprach, eigentlich ohne viel Hoffnung, mein Möglichstes zu versuchen. Roth klopfte mir freundschaftlich auf die Schulter und begann, mich über mich auszufragen. Viel war da nicht zu erzählen, aber als ich ihm berichtete, daß ich eine Kadettenanstalt absolviert hatte und als Fähnrich entlassen worden war, leuchteten seine Augen auf.
»Ich habe es bis zum Leutnant gebracht und zur großen Silbermedaille! Waren Sie auch im Krieg, Fähnrich?«
Die Frage mußte ich verneinen. Ich war nur sechs Tage lang Fähnrich, dann brach in Ungarn die Oktoberrevolution aus, Matrosen überfielen mich auf der Straße und rissen meine goldenen Streifen herunter.
»Das waren schlimme Zeiten«, seufzte Roth, dann dachte er eine Weile nach und fragte: »Oder waren es gute Zeiten? Wer weiß?«
Nun betraten Egon Erwin Kisch, »der rasende Reporter«, und der B. Z.-Redakteur Dr. Georg Fröschel das Lokal. Als

sie an unserem Tisch vorbeigingen, schüttelte Kisch Roths Hand.

»Servus, Joseph!«

Auch Dr. Fröschel begrüßte ihn freundlich.

Im Lauf der nächsten Viertelstunde erschienen nacheinander die Stammgäste, und jeder, aber wirklich jeder bedachte Roth mit einem Gruß.

Zum erstenmal tauchte in mir der Verdacht auf, daß mein neuer Freund ein Lügner sei. Ich hielt ihm vor: »Und Sie haben mir erzählt, Sie kennen keinen Menschen hier!«

»Sind das Menschen?« fragte Roth und beantwortete gleich die Frage: »Das sind neidische, bösartige Kollegen.«

Ganz so unrecht hatte er nicht. Das habe ich festgestellt, als ich etwa eine halbe Stunde später, als Roth weggegangen war, es tatsächlich versucht habe, die anwesenden Kollegen zu überreden, über »Hotel Savoy« eine Besprechung zu bringen. Jeder hatte etwas gegen ihn. Man warf ihm vor, daß er zu viel trank, daß er Jude war, daß er konvertiert habe und kein Jude war. Nur in einem Punkt waren alle einig: schreiben konnte er. Und das nahmen ihm wahrscheinlich die Kollegen am meisten übel.

* * *

Irmgard Keun
Das kunstseidene Mädchen erklärt das Romanische Café

»Was siehst du noch, was siehst du noch?«
»Ich sehe – mich in Spiegeln von Fenstern, und dann finde ich mich hübsch, und dann gucke ich die Männer an, und die gucken auch – und schwarze Mäntel und dunkelblau und im Gesicht viel Verachtung – das ist so bedeutend – und sehe – da ist die Gedächtniskirche und mit Türmen so grau wie Austernschalen – ich kann Austern essen hochfein – der Himmel hat ein rosa Gold im Nebel – es treibt mich drauf zu – man kann nicht ran wegen der Autos – ein roter Teppich liegt im Betrieb, weil am Nachmittag eine blödsinnige Hochzeit war – der Gloriapalast schillert – ein Schloß, ein Schloß – es ist aber Kino und Kaffee und Berlin W – um die Kirche sind schwarze eiserne Ketten – und drüben das Romanische Café mit den längeren Haaren von Männern! Und da verkehrte ich einmal Abend für Abend mit einer geistigen Elite, was eine Auswahl ist, was jede gebildete Individualität aus Kreuzworträtseln weiß. Und wir bildeten alle einen Kreis. Und das Romanische Café ist eigentlich nicht anzuerkennen. Und jeder sagt: Gott, dieses Lokal, wo diese herabgekommenen Literaten sitzen, man sollte da nicht mehr hingehn. Und gehn dann doch hin. Ich

bildete mich ungeheuer, und es war, als wenn ich eine fremde Sprache lerne.
Und viel Geld haben sie alle nicht, aber sie leben, und Teile der Elite spielen [...] Schach, was ein kariertes Brett ist mit schwarzen und blonden Feldern. Könige sind auch dabei. Und Damen. Und es dauert lange, das ist der Witz bei der Sache, aber nicht bei den Kellnern, weil eine Tasse Kaffee nur fünf Pfennig Trinkgeld in sich birgt, und das ist sehr wenig auf einen schachigen Gast von sieben Stunden. Aber es ist die billigste Beschäftigung der Elite, da sie nicht arbeitet und sich darum beschäftigt. Und sie ist literarisch, und die literarische Elite ist ungeheuer fleißig mit Kaffee und Schach und Reden und noch so Geist, weil daß sie sich vor sich selbst nicht anmerken lassen will, daß sie faul ist. Vom Theater sind auch welche und sehr bunte Mädchen, die ungeheuer sicher sind, und ein paar ältere Männer von schwankender Figur, die haben mit Mathematik zu tun. Und die meisten sind wild drauf, gedruckt zu werden. Und schimpfen alle auf alles.
Ich hatte in eine Materie zu dringen. Und habe mir eine Liste gemacht mit Fremdworten, daneben schrieb ich, was sie heißen, ich mußte mir die Erklärungen manchmal selber suchen. Die Worte machen sich gut, wenn man sie anwendet. Da saßen wir als Künstler unter sich – manchmal gehen dicke Bäuche durch, die gucken nur und gehören nicht dazu, wir verachten sie. Da legte ich meinen Kopf weit zurück, während sie reden, und werfe Blicke in die Luft und höre nicht zu. Und plötzlich presse ich meinen Mund ganz eng zusammen und dann leger auf, blase Rauch durch die

Nase und werfe voll Gleichgültigkeit und eiskalt ein einzelnes Fremdwort in sie hinein. Weil nämlich alle einzelnen Fremdworte in Gespräche geworfen ein Symbol sind, und ein Symbol ist das, was immer paßt. Wenn man es mit Sicherheit macht, schämt sich jeder, es nicht zu verstehen. Bei einem Symbol kann einem gar nichts passieren. Aber ich habe sie dann nachher sehr über bekommen.«

* * *

So lässt Irmgard Keun ihre Protagonistin Doris, die aus der Provinz nach Berlin kommt, »um ein Glanz zu werden«, einem blinden Verehrer vom Romanischen Café erzählen. Keun besuchte das Café, wenn sie aus Köln, wo sie lebte, in ihre Geburtsstadt Berlin kam. Mit ihren beiden ersten Romanen *Gilgi, eine von uns*, 1931, und *Das kunstseidene Mädchen*, 1932, war sie quasi über Nacht berühmt geworden. »Eine schreibende Frau mit Humor. Sieh an«, lobt sie chauvinistisch Kurt Tucholsky. Es ist wie der Traum der Mädchen, die im Romanischen Café am sogenannten »Kükentisch« saßen, während in den umliegenden Kabaretts Josephine Baker nackt nur mit einem Bananengürtel bekleidet tanzte, Claire Waldoff *Raus mit den Männern aus'm Reichstag* sang, Fritzi Massary *Warum soll eine Frau kein Verhältnis haben* und bald schon Marlene Dietrich *Ich bin von Kopf bis Fuß auf Liebe eingestellt*. Sie sangen Vertonungen von Kurt Tucholsky, Walter Mehring und Bertolt Brecht. Friedrich Hollaender lässt die jungen »Neuen Frauen« – die neue Klasse der Angestellten, die Stenotypistinnen, Telefonistinnen, die »Küken«, die sich erwartungsvoll vor allem im Nichtschwimmerbecken aufhielten, in ihren kurzen Flapperkleidern, mit Bubikopf und Pumps – singen, während die Herren im Kabarett versuchten, den Ansturm der jungen emanzipierten weiblichen Gästeschar des Cafés abzuwehren.

Friedrich Hollaender
Zwei dunkle Augen: Tango

Wir sitzen doof und ohne Portemonnaie
Vor unsern leeren Gläsern im Stammcafé
Mittags von Punkt zwölf Uhr
Bis abends um Punkt zwölf Uhr:
Verkehrsinseln in dem Meere der Literatur.
Schriftsteller rings im Kreise, von Brecht bis Kisch –
   Mancher benutzt uns episch am Nebentisch.
Das ist fürs Portemonnaie nicht viel wert,
Aber fürs Renommee unerhört:
Endlich wird doch die Nutte einmal verklärt!
Zwei dunkle Augen,
Zwei Eier im Glas
Und ein Tröpfchen Herzblut
Mit Rum!
Ein Täßchen Äther,
Ein Band von Verlaine – Oh laßt uns literarisch sein
Und zu den Dichtern gehn!

* * *

Doch doof und ohne Portemonnaie war die Lyrikerin Mascha Kaléko keineswegs. Sie zählte zu den jüngsten weiblichen Stammgästen. Sie arbeitete als Kontoristin im Arbeiter-Fürsorgeamt der jüdischen Organisationen Deutschlands und veröffentlichte mit 22 Jahren in der von Alfred Flechtheim herausgegebenen Zeitschrift *Querschnitt*, in der auch die Gedichte von Else Lasker-Schüler erschienen, ihre ersten Gedichte. Fast täglich nach Büroschluss, vermerkt Kaléko in ihren Notizen, geht sie ins Romanische Café. Hier trifft sie auf Erich Kästner, Walter Mehring, Joachim Ringelnatz, Else Lasker-Schüler, Egon Erwin Kisch, Bertolt Brecht, Gabriele Tergit, Hermann Kesten – die versammelte Berliner Boheme. Der Journalist Rudolf Lenk berichtet: »Wenn die junge rassige Dame im Romanischen Café auftauchte und sich kess berlinernd in die Diskussionen einschaltete, konnte keiner ihr widerstehen. Mein Freund Klabund soll, wie ich später hörte, immer versucht haben, durch beschwichtigende Gesten mit seinen zarten Händen den Redefluss zu dämmen, aber kein geringerer als Tucholsky soll ihn beruhigt haben.« Der Schriftsteller Walter Mehring erinnert sich, wie ihn Mascha Kaléko 1933 vor der »Hakenkreuz-Hilfspolizei« – seit 1928 saßen bereits Mitglieder der Gestapo im Romanischen Café – gewarnt hat, die mit einem Haftbefehl im Café auf ihn wartete. Er floh direkt aus dem Romanischen Café ins Exil nach Paris. In dieser Nacht brannte der Reichstag. Sie blieb von Verfolgung bis 1937 verschont und schreibt im »Wartesaal der Talente«, wie Erich Kästner das Café bezeichnet, als schon entdecktes Talent Gedichte sowie Alltagsminiaturen aus der Großstadt für die *Vossische Zeitung* und die *Welt am Montag*.

Mascha Kaléko
Auf einen Café-Tisch gekritzelt

Ich bin das lange Warten nicht gewohnt,
Ich habe immer andre warten lassen.
Nun hock ich zwischen leeren Kaffeetassen
Und frage mich, ob sich dies alles lohnt.

Es ist so anders als in früheren Tagen.
Wir spüren beide stumm: das ist der Rest.
Frag doch nicht so. – Es läßt sich vieles sagen,
Was sich im Grunde doch nicht sagen läßt.

Halbeins. So spät! Die Gäste sind zu zählen.
Ich packe meinen Optimismus ein.
In dieser Stadt mit vier Millionen Seelen
Scheint eine Seele ziemlich rar zu sein.

* * *

Erich Kästner
Das Rendezvous der Künstler

Für die unzähligen künstlerischen Kräfte, die in Berlin zusammenströmen, gibt es zwei Bassins: das Romanische Café und »Schwanneke«. Es ist fraglos Sache des persönlichen Geschmacks, diese Lokale schön zu finden – interessant sind sie auf alle Fälle!

Um das Wichtigste gleich zu sagen: Zwischen den zwei Lokalen besteht ein fundamentaler Unterschied. Im Romanischen Café trinkt man Kaffee in Tassen; bei Schwanneke trinkt man Wein in Flaschen. Das bedeutet, kunstgeschichtlich formuliert: Im »Romanischen« der Anfängerkursus; bei Schwanneke verkehren die Prominenten. Im Romanischen Café herrscht das Langhaar; bei Schwanneke dominiert die vom Haarschwund wirksam verlängerte Stirn.

Das Romanische Café ist der Wartesaal der Talente. Es gibt Leute, die hier seit zwanzig Jahren, Tag für Tag, aufs Talent warten. Sie beherrschen, wenn nichts sonst, so doch die Kunst des Wartens in verblüffendem Maße. Neben ihnen behaupten sich, häufig ebenso lange, die unglücklichen Kunstjünger. Wer seit Jahren auf der Bühne erklärt, die Pferde seien gesattelt, der kann natürlich seinen Kaffee nirgendwo anders trinken als hier! Wer einmal ein Gedicht schrieb, das von einer literarischen Zeitschrift angenommen wurde (ohne dass es darum erschien); wer auf Marmortische Gesichter und Frauenakte zu zeichnen imstande ist; wer in Opernchören seine Stimme abgibt und von Tauber zu hören bekam, er solle nur so weitermachen – diese und viele andere Abarten der vom Genius Betroffenen kommen hier zusammen.

Es ist ein infernalisches Gewirr von Charakterköpfen und solchen, die es sein wollen. Der erste Eindruck, den man hat: Haare, Mähnen, Locken, die bedeutend ins Gesicht fallen. Der zweite Eindruck: Wie oft wird hier die Leibwäsche gewechselt? Dieser zweite Eindruck ist vielleicht in vielen Fällen unberechtigt. Aber nichts ist ja bezeichnender für das Gesehene, dass man ihn trotzdem hat!

Die Genialität – eine durchaus unmoderne Art, sich zu geben – ist hier der Stil des Hauses. Man ersetzt den mangelnden Erfolg durch Gehabe und Getue. Wer gepflegte Sitten und Kleidung für erwünscht hält, kommt nicht oft wieder oder nur: um sich wieder einmal sattzusehen. Diese Leute hier verabscheuen das normale Aussehen, weil es zu egalisierend wirke. Sie wollen wie Persönlichkeiten aussehen. Und nun sitzen sie da, einer neben dem anderen, und bilden doch wieder einen Verein! Und was für einen ...

Jeder kennt jeden. Man begrüßt sich jovial oder – eine andere Methode – nur ganz nebenbei, um das Gehirn nicht beim Dichten und Denken zu unterbrechen. Man setzt sich von einem Tisch zum anderen; erstens, um sich Klatsch zu erzählen, und zuweilen zweitens, um dem Kellner, der Bestellungen entgegennimmt, zu erklären, man sitze nur en passant hier. Man borgt sich erfolglos an. Man liest Berge von Zeitungen. Man wartet, dass das Glück hinter den Stuhl tritt und sagt: »Mein Herr, Sie sind engagiert!«

Man wartet. Inzwischen vertreibt man sich die Zeit. Hierzu benötigt man das weibliche Geschlecht. Es ist vorhanden, und zwar in staunenswert hübschen Exemplaren. Soweit die Neue Sachlichkeit noch nicht restlos mit der Romantik im Mädchenbusen aufgeräumt hat, bekommt das »Romanische« sein Teil. Gymnasiastinnen, Studentinnen, Kunstgewerblerinnen, Töchter aus »guter Familie«, schöne Seelen und kleine Ausreißer trifft man in Menge. Sie sitzen neben dem Ideal und vergehen in Andacht. Außer ihnen gibt es auch jene Damen hier, die, wie man weiß, von der Liebe leben. Sie verbinden das Nützliche mit dem Schönen; sie empfinden ihren Beruf wohl auch als eine Kunst, die nach Brot geht, und halten die Beziehung zu Nichtkünstlern für absolut unfein.

Außerdem verkehren hier auch Künstler, die bereits einen Namen haben. Warum sie das tun? Möglicherweise aus alter schlechter Gewohnheit. Es gibt aber auch pathologische Fälle: arrivierte Künstler, die es für einen (mit einer Tasse Kaffee nicht zu teuer erkauften) Genuss halten: die Schar der Verunglückten und Aussichtslosen zu betrachten und sich selber, den Erfolgreichen, betrachten zu lassen.

Wie eine Welle der Bewunderung geht es durch den verqualmten, verquatschten Raum, wenn ihn ein Glücklicher betritt. Und wen er begrüßt, der fühlt sich geweiht …

Kann man sich, nach der bisherigen Beschreibung, ein ungefähres Bild vom »Romanischen« machen, wenn noch hinzugefügt wird, dass es auch das »Rachmonische« (etwa so

viel wie Nebbich) genannt wird und dass außer den skizzierten Typen Artisten, Tanzmusiker, Boxer und Neger herumsitzen?
Man kann die Entwicklung eines Berliner Künstlers, Journalisten oder Schriftstellers nicht deutlicher erkennen, als wenn man hört: »Er geht nicht mehr ins Romanische. Er ist jetzt viel bei Schwanneke.« Diese Feststellung verrät, unausgesprochen, Kontraktabschlüsse, Avancement, Mehreinnahmen, herannahenden Ruhm. Die beiden Lokale liegen keine drei Minuten auseinander. Aber für manchen dauert der Weg von einem zum anderen Jahrzehnte, und die meisten legen ihn nie zurück.
Schwanneke ist eine Weinstube, wie gesagt. Nicht groß. Zwanzig Tische haben Platz, zum Teil in Nischen. Es reicht für die Prominenten so ziemlich aus ... Der Wirt ist Schauspieler, ein guter Schauspieler. Und während der Münchner Rätezeit war er sogar Intendant der Bayrischen Staatstheater. Jetzt besitzt er eine Weinstube, spielt an der Berliner Volksbühne komische Charaktere und führt auch Regie. Er hat Talent zum Wirt, und auf der Bühne spielt er die – bekanntlich im Lustspiel sehr beliebten – Weinfabrikanten unvergleichlich. Nun, er kennt die Branche.
Da er selber vom Bau ist, hat die Stimmung in seinem Lokal von vornherein jede denkbare Garantie. Mit diesem Schauspieler hat der Wirt früher mal Theater gespielt; von jenem Dramatiker hat der Wirt ein Stück inszeniert – wenn Schwanneke nicht schon der geeignetste Inhaber der Weinstube wäre, wäre er ihr geeignetster Gast. Ein seltener Glücksfall.

Die Erfolgreichen, die Schauspieler, Dichter, Maler, Baumeister, Regisseure und Filmgrößen, haben viel weniger Zeit als die Neulinge vis-à-vis im Wartezimmer des Ruhms, im »Romanischen«. Sie müssen arbeiten. Berühmtheit ist, aus der Nähe gesehen, Arbeit und nichts weiter.

Und so haben alle, die hier einkehren, im Grunde keine Zeit zur Einkehr. Sie kommen spät am Abend, nach dem Theater, nach der Amerikareise, nach der Gastspieltournee, nach den Abschlüssen mit dem Verleger oder mit ihm. Alfred Polgar, Ernst Deutsch, Bronnen, Brecht, Heinrich George, Paul Morgan, Ernst Toller, Lion Feuchtwanger, Carl Zuckmayer, Elisabeth Bergner, Paul Graetz, Albert Steinrück, Rosa Valetti, Hermann Valentin, Conrad Veidt (wenn er nicht in Hollywood filmt), der Zeichner Dolbin, Regisseure, namhafte Journalisten, berühmte Frauen – alles trifft sich hier gelegentlich. Alle begrüßt Jonny, das Faktotum, mit Handschlag. Die meisten duzen sich. »Wie geht's?« – »Wie weit bist du mit dem neuen Roman?« – »Ist das vor der Tür dein Auto?«

Wenn nicht gerade eine wichtige Premiere war und der Autor und die Hauptdarsteller anwesend sind, um sich feiern und verulken zu lassen, spielt das Thema »Auto« eine wichtige Rolle. Man läuft vor die Tür, barhäuptig und neugierig, um sich das Kabriolett von X. anzusehen. Man steht davor: Und die Fachausdrücke von »Steuer-PS« bis »Zündkerze« werden nicht anders gebraucht wie »Peripetie« und »hohes C«.

Es herrscht in diesen Kreisen eine mit dem Parnass wenig zu vereinbarende kindliche Freude darüber, dass Tantie-

men für Romanauflagen mit Automobilen in ursächlichen Zusammenhang zu bringen sind. Das Auto ist der Zug der Zeit. Auch für die Künstler. Sie kennen, außer Anekdoten über abwesende Kollegen, wenig andere Gesprächsstoffe.
Trotz solcher Unterhaltung hat das Lokal eine Achtung erzwingende Atmosphäre. Man sitzt nicht ungestraft zwischen Tischen, an denen Leonhard Frank und Franz Blei, Emil Orlik und Rudolf Großmann mit Frauen und Freunden trinken und reden. Die Leistung erzwingt Respekt. Und sie kann ihn sogar bei Schwanneke verlangen.
Trotzdem gibt es auch in Berlin Künstler, die den Umgang mit ihresgleichen nicht zu dem größten der erdenklichen Vergnügen zählen und deswegen lieber am Nordpol säßen als im Romanischen Café oder bei Schwanneke.
Ich kann das verstehen.

* * *

Die Neue Sachlichkeit hatte das Erscheinungsbild der Frau verändert. Korsett und Mieder wurden abgelegt: Die Frau im Hosenanzug oder Smoking mit Pagenkopf, die Zigarette raucht, die Auto fährt, die berufstätig am öffentlichen Leben teilnimmt, die selbständig und emanzipiert ist. Die junge Bildhauerin Renée Sintenis stellt eine Art *role model* der »Neuen Frau« dar. Ihren Auftritt schildert Silvia Kettelhake in ihrer Biografie über die Künstlerin:
»Die fast zwei Meter große Renée Sintenis kommt mit ihrem aufgeregten Terrier, den sie kurz an der strammen Leine hält. Sie erscheint wie eine Sphinx, das Palaver der Män-

ner übersehend, sie lächelt nachsichtig und geht wie eine Königin in übergerader Haltung. Die Sintenis, wie sie genannt wird, verkörpert den Berliner Chic und zeigt, wie tragbar die neue Konfektion ist: schlank, sportlich, auf dem strengen Bubikopf einen Männerhut, ein leichtes Schläfentippen zum Gruß – eine Silhouette, die in Erinnerung bleibt.«

Gast Georg Zivier schwärmt: »Zeigte aber Renée Sintenis ihr herrliches Indianerprofil, so schloß eine ›Würde, eine Höhe‹ jede Vertraulichkeit aus. Der Sintenis gegenüber durfte einzig und allein Joachim Ringelnatz einen kräftigen Ton anschlagen. Doch selbst dieser rauhbeinige Literatur-Matrose war eher lyrisch verschwärmt in ihrer Nähe: ›Ach du, Renée ...‹«. Und Géza von Cziffra erblickt sie am Tisch der schreibenden Frauen, an dem Else Lasker-Schüler residiert: »Auch ›Adlerauge‹ saß oft hier, so nannte man die Bildhauerin Renée Sintenis, denn sie sah aus wie eine Indianerprinzessin.«

Schon 1917 hatte Rainer Maria Rilke auf ihre kleinen Tierskulpturen aufmerksam gemacht:

»Wenn Ihre jetzigen berliner Tage Ihnen Raum dafür lassen, eine Stunde in der ›Freien Sezession‹ (Kurfürstendamm 208) zuzubringen, so möchte ich die Arbeiten von Frl. Renée Sintenis Ihrer Aufmerksamkeit ganz besonders anempfehlen. Sie ist, hat man mir gesagt, eine Schülerin Kolbe's, aber die kleinen Thiere sowohl, als, vor Allem, die im Katalog S^{te}. 32 unter No. 249 angeführte Maske (Erde) sind schon mehr als Schülerarbeiten, sind Dinge von der persönlichsten und errungensten Ausbildung. Die Maske (die ein Selbst-

bildnis ist) hat mir, nach wiederholtem Sehen, den stärksten Eindruck hinterlassen.« Sie nahm Ringelnatz, der 1922 nach Berlin gekommen war, unter ihre Fittiche und vermittelte seine Zeichnungen und Gedichte umgehend an ihren Galeristen Alfred Flechtheim. In den Vormittagsstunden saß Ringelnatz im Romanischen Café und zeichnete. Sein Leben bestritt er als umherziehender Bänkelsänger.
»Da muß ich hinterher nach Steglitz ins Café Victoria. Werde dafür mit dem Auto abgeholt und bekomme dafür einen Ziegel (einen Dollar). Der andere Vertrag betrifft das ›Nachtlicht‹, wo ich im November allnachmittäglich um sechs Uhr auftreten muß (Jägerstraße), so daß ich an drei! Stellen arbeiten werde. Habe fünf Mindestgagen ausgemacht. [...] Auch teile ich mir in Bezug auf Essen und Trinken vernünftig ein, wobei mich viele wohlgesinnte Leute unterstützen. Vor allem Renée, die mich immer wieder zum Essen einlädt und deren Wohnung, deren Schlafdiwan mir jederzeit zu meiner Verfügung stehen.«
Einen Eintrag ins Gästebuch gibt es von Renée Sintenis nicht, aber eine Skulptur, die alle kennen. Sie wird als Preis bei der Berlinale in Gold vergeben, sie steht an den Autobahnen: das Wahrzeichen Berlins, der Bär.

Die Frau mit dem rot-schwarz-karierten Kleid, einem dunklen schrägen Bubikopf, einem Monokel auf dem rechten Auge, dunkelroten Lippen, zwei auffällig knochigen Händen, in der rechten eine brennende Zigarette, an den Knien aufgerollte Nylons, auf dem kleinen Marmortisch ein Tulpenglas mit einem Strohhalm, eine Schachtel Zigaretten und Streichhölzer: Die Journalistin Sylvia von Harden im Romanischen Café. Das Gemälde von Otto Dix ist zur Ikone für die Darstellung der »Neuen Frau« geworden. Eine emanzipierte, durchaus Furcht einflößende Frau. Die Journalistin und Lyrikerin schrieb für das *Berliner Tageblatt*, die *Berliner Volkszeitung* und die *Prager Presse.* In den zwanziger Jahren war der fast zwanzig Jahre ältere expressionistische Dichter, Kritiker und Übersetzer Ferdinand Hardekopf ihr Lebensgefährte. Seine Zeit war der frühe Expressionismus, seine Welt das Café, das Varieté, die Boheme.

Sylvia von Harden
Im Café
Für Ferdinand Hardekopf

Rote Lichter triefen an zitternden Dirnen vorbei.
Der Garçon wedelt mit spitzen Rockschößen ironisch
Durch Bürgerfrauen
Brüste fallen wollüstig in Musik.

Rechts Loge schielend von der Ballustrade
Ketten gleiten bis zur Ekstase.
Grüner Bargetrank in Eis
Zieht sich durch Strohhalm bleich.

Lu greift zagend nach dem Kavalier.
Streckt sich ihn.
Er zerfällt pathetisch
In sich.

Durch seine Schriftsteller, Journalisten und Künstler hielt die Anziehungskraft des Romanischen Cafés bis in die dreißiger Jahre unvermindert an. Hier saßen die Galeristen, die Besitzer der großen Verlage, die Verleger und Lektoren, die Redakteure, die Herausgeber der großen Zeitungen, die Intendanten der neuen Theater, die Impresarios der umliegenden Kabaretts. Wenn man in Berlin etwas werden wollte, schaute man im Romanischen Café vorbei. Vor allem für die aus Osteuropa nach Berlin kommenden Künstler, Schriftsteller und Journalisten war das Romanische Café eine Art Heimat.

Elias Canetti lebte in Wien und kam seit 1928 immer wieder für längere Zeit nach Berlin. Er arbeitete in dem von Wieland Herzfelde gegründeten Malik-Verlag als Übersetzer.

Elias Canetti
»Man mußte sich sehen lassen«

Es war alles gleich *nah* in Berlin, jede Art der Einwirkung war erlaubt; es war niemandem versagt, sich bemerkbar zu machen, wenn er die Anstrengung nicht scheute. Denn leicht war es nicht, der Lärm war groß, und immer, mitten im Lärm und Gedränge, war man sich dessen bewußt, daß es hier Dinge gab, die es wert waren, gehört und gesehen zu werden. Es war auch alles erlaubt, die Verbote, an denen es nirgends und schon gar nicht in Deutschland mangelte, vertrockneten hier. Man mochte aus einer alten Hauptstadt wie Wien kommen, hier fühlte man sich als Provinzler und riß die Augen weit auf, bis sie sich daran gewöhnten, offen zu bleiben. Es war etwas Scharfes, Ätzendes in der Atmosphäre, das einen reizte und belebte. Man ging auf alles los und hütete sich vor nichts. Das gräßliche Neben- und Durcheinander, wie es einem aus den Zeichnungen von Grosz entgegenschlug, war nicht etwa übertrieben, es war hier natürlich, eine neue Natur, die einem unentbehrlich wurde, an die man sich gewöhnte. Jeder Versuch sich abzuschließen, hatte etwas Perverses und war das einzige, was noch als pervers empfunden wurde, und wenn es für kurze Zeit gelang, bald juckte es einen wieder und man stürzte sich in den Trubel. [...]

Sehr wichtig war, daß man immer wieder, während Tagen, Wochen und Monaten gesehen wurde. Die Besuche im Romanischen Café (und auf gehobener Stufe die bei Schlichter und Schwanecke), die gewiß auch ein Vergnügen waren, galten nicht diesem allein. Sie entsprangen auch der Notwendigkeit zu einer Selbst-Manifestation, der niemand sich entzog. Wer nicht vergessen werden wollte, mußte sich sehen lassen. Das galt in jedem Rang und jeder Schicht, auch für die Schnorrer, die im Romanischen Café von Tisch zu Tisch gingen und immer etwas bekamen, solange sie die Figur, die sie vorstellten, instand hielten und keine Entstellung an ihr duldeten.
Ein wesentliches Phänomen des damaligen Berliner Lebens waren die Mäzene. Es gab ihrer viele, sie saßen überall herum und lauerten auf Kundschaft. Manche waren immer da, andere kamen auf Besuch, es gab welche, die öfters von Paris herüberwechselten.

* * *

Gabriele Tergit saß als junge Journalistin, die vor allem wegen ihrer Gerichtsreportagen bekannt und geschätzt war, die sie für das *Berliner Tageblatt* schrieb, häufig im Café. Ihr Roman *Käsebier erobert den Kurfürstendamm* erschien 1931. Käsebier, ihr Protagonist, will berühmt werden und kommt ums Romanische Café als Einstieg in die Welt der Prominenz nicht herum.

Gabriele Tergit
»Berlin ist ein Vorort des Nordostens«

Frächter saß abends im Romanischen Café. Willi Frächter war sehr lang und trug blonde, gesalbte, im Nacken etwas lange Haare. Er war aus Gotha.

Das Romanische Café befindet sich gegenüber der Gedächtniskirche und besteht aus einer Schwimmer- und einer Nichtschwimmerabteilung. Die Schwimmer sitzen links von der Drehtür. Die Nichtschwimmer rechts. Das Romanische Café ist sehr schmutzig. Erstens ist es trotz seiner großen Fensterscheiben so angeräuchert, wie es für eine Stätte des Geistes notwendig ist, zweitens ist es schmutzig durch die Manieren seiner Bewohner, die unausgesetzt Überreste ihrer Raucherei auf den Fußboden werfen. Drittens aber durch die ungeheure Frequenz. Denn dieses Café ist eine Heimat. Ungarn, Polen, Jugoslawen, Russen, Tschechen, Slowaken, Ruthenen, Dänen, Böhmen, Österreicher, Balten, Letten, Litauer, Serben, Rumänen und die große Schar der in Berlin dem Geist geöffneten, von Osten kommenden Juden, sie alle finden dort Landsleute. Denn so ist es mit Berlin: in der Fremdenstatistik interessiert man sich hauptsächlich für die Amerikaner, aber eigentlich kommen am meisten Völker von Osten nach Berlin, eventuell ein paar Holländer und Dänen. Darauf wird weniger Wert gelegt. Aber Berlin ist 100 Kilometer von der polnischen Grenze entfernt. Berlin ist ein Vorort des Nordostens, wie Wien des Südostens. Berlin ist keine chicke Hauptstadt, wie Paris oder Rom oder London, wo die Engländer und Amerikaner, die Spanier und Franzosen hinfahren »for sightseeing«, im Frühling oder in der season als »Trip«. Nach Berlin kommt man vom Osten, um eine Stellung zu finden, um Musik zu machen, um zu filmen und um zu malen, Theater zu spielen, zu schreiben, Regie zu führen, zu bildhauern, um Autos zu verkaufen, Bilder, Grundstücke, Terrains, Teppiche, Antiquitäten, um Läden aufzumachen, Schuhläden, Kleiderläden, Parfümläden, um zu darben und zu studieren. Sie alle sitzen im Romanischen Café, erst im Nichtschwimmerbassin, später im Schwimmerbassin. Sie alle sprechen und schimpfen.

Willi Frächter saß im Schwimmerbassin mit Heinrich Wurm und erzählte von dem Erfolg seiner Artikelserie Käsebier. [...]

Frächter stand auf. »Entschuldigen einen Moment«, sagte er und ging ans Telefon. In die Zelle gequetscht rief er Mohnkopp an, einen jungen Verleger. »Hören Sie, Mohnkopp, wir müssen ein Buch herausbringen, ›Käsebier‹. Ich hab was läuten gehört, daß er an den Wintergarten kommt.«

»Wundervolle Idee, wo besprechen wir das?«

»Heute abend bei Schwannecke.«

Am Abend saß Frächter bei Schwannecke. Soweit war er nun in knapp drei Wochen. Bereits Besprechung bei Schwannecke. Gestern noch Romanisches Café, gestern noch Tabak auf dem Boden, Zigaretten- und Zigarrenstummel auf dem nackten Boden, Marmortische, eine Schale Haut, zwei Eier im Glas, heute teppichbelegtes Parkett, lauschige Kojen und Wein und Braten und Sauce béarnaise. Frächter kam um 11 Uhr.

* * *

Christoph Hein lässt die Hauptfigur in seinem 2017 erschienenen Roman *Trutz* nach Berlin reisen, um der Enge der Provinz zu entkommen und »Berlin, davon war er [Trutz] überzeugt, als er sich auf den Weg in die Hauptstadt machte, würde ihm den richtigen Weg weisen, den Weg, der ihm bestimmt war, auf dem er Erfolg, Geld und Ruhm erlangen würde.« Eine Frau »mit einer modischen Bubikopffrisur« ist die Fahrerin eines Wagens, mit dem er wenige Tage nach seiner Ankunft in Berlin einen Unfall hat. Sie fährt ihn ins Krankenhaus und nimmt sich seiner an. Für ihn ein Glücksfall in der fremden großen Stadt, und so hilft sie ihm, zuerst im Romanischen Café, Kontakte zu knüpfen.

Christoph Hein
»Den Namen Trutz solle man sich merken«

Rainer Trutz sagte noch Jahre später, in seinem Leben sei ihm nie etwas Besseres zugestoßen als der Zusammenstoß mit Lilijas Auto. Drei Tage nach seiner Entlassung aus dem Krankenhaus trafen sie sich abends in einem kleinen Lokal in Wilmersdorf. Rainer erschien mit einem neuen Hemd, einem braunen Jackett und einer khakifarbenen Hose, die er sich von ihrem Geld gekauft hatte und ihr glückstrahlend präsentierte. Lilija Simonaitis gefiel der junge Mann, da er lebendig und aufgeschlossen, vielseitig interessiert und doch ernsthaft war.

Sie trafen sich danach häufiger, er begleitete sie bei einigen ihrer vielen Theaterbesuche und sie nahm ihn ins *Romanische Café* mit, einen beliebten Treffpunkt von Künstlern an der Gedächtniskirche. Dank ihrer Protektion durfte er sogar das *Schwimmerbassin* betreten, wie der zweite Raum des Cafés genannt wurde, zu dem nur Schauspieler und Regisseure, Maler und Schriftsteller sowie berühmte Journalisten und gefürchtete Kritiker Zugang hatten, die früheren Stammgäste vom *Café Größenwahn*, während alle gewöhnlichen Gäste in dem *Bassin für Nichtschwimmer* zu bleiben hatten, dem großen Saal des *Romanischen Cafés*.

Lilija Simonaitis kannte fast alle der anwesenden Künstler

und Autoren und stellte ihnen Rainer als ihre Entdeckung vor. Sie sagte, den Namen Trutz solle man sich merken, denn von ihm werde man noch hören. Ihre Worte, ihre aus der Luft gegriffenen Vorschusslorbeeren machten Rainer verlegen, aber dadurch wurden einige der Gäste auf ihn aufmerksam und er lernte Spannhake, den Feuilletonchef des *Berliner Lokal-Anzeigers*, kennen, einer Zeitung, die zweimal am Tag erschien, dem morgendlichen Hauptblatt folgte noch eine Abendausgabe. Dieser Journalist wollte ausprobieren, wozu der junge Mann in der Lage war, und nach einigen Aufträgen, die er ihm versuchsweise gab, bot er ihm an, regelmäßig für den *Lokal-Anzeiger* zu schreiben.

Vierzehn Tage nach dem Zusammenprall mit Lilijas Auto war Rainer Trutz freier, aber ständiger Mitarbeiter der Zeitung, er schrieb Rezensionen und Kritiken von Theateraufführungen, für die sich die hauptamtlichen und das Blatt prägenden Kritiker weniger interessierten, die Honorare waren bescheiden, aber er konnte sich ernähren und ein Zimmer zur Untermiete leisten. Für den Besuch der Theater und Revuen musste er kein Geld mehr ausgeben, sein Presseausweis öffnete ihm viele Türen, und da er mehrmals in der Woche zu Premieren und Ausstellungseröffnungen ging, lernte er *tout Berlin* kennen oder vielmehr jene Damen und Herren der Gesellschaft, die den Ton angaben oder der Ansicht waren, dass die Moden und der Geschmack der Stadt allein ihren Vorgaben und ihrem Beispiel folgten. Er schrieb auch für andere Zeitungen, für Wochenmagazine und sporadisch erscheinende Journale, sogar *Die literari-*

sche Welt druckte wiederholt Artikel von ihm, was für ihn außerordentlich schmeichelhaft war.
Besonders lukrativ war eine gelegentliche Betätigung als Werbetexter, und auch diese Möglichkeit hatte sich durch eine Bekanntschaft im *Romanischen Café* ergeben, durch ein zufälliges Gespräch mit einem Mann aus diesem Klüngel, der überallhin Beziehungen unterhielt und sehr offen und gern und belustigt über seine eigene Cliquenwirtschaft und Patronage zu sprechen pflegte.
Im *Schwimmerbassin* war man allgemein der Meinung, er sei der Lover von Lilija, ihr jugendlicher Liebhaber, den sich die Russin, wie man sie im Café nannte, als kleinen bürgerlichen Luxus in ihrer prüden, rotgardistischen Botschaft leiste.

* * *

Die Nervosität der Gäste wegen der zunehmenden Aktionen und Übergriffe der Nationalsozialisten war gestiegen, als der Film- und Literaturredakteur Siegfried Kracauer als Korrespondent der *Frankfurter Zeitung* 1930 nach Berlin kam. Die ›Fremden‹ standen unter Beobachtung. Der Ton zunehmender Geschäftigkeit wird frostig. Kracauer ist diskret, er nennt weder das Café – obwohl es jeder kennt – noch Namen. Das ist zwar durchaus ironisch, lässt aber auch schon ahnen, dass die Gäste in Zukunft vor Denunziationen geschützt werden müssen.

Siegfried Kracauer
Café im Berliner Westen

Schon die Notwendigkeit, den Ort des Cafés, das ich zu schildern mir vorgenommen habe, näher zu bestimmen, versetzt mich in eine gewisse Verlegenheit. Es könnte dem Café peinlich sein, wiedererkannt zu werden. Manche Personen fühlen sich ja auch verletzt, wenn sie dahintergekommen zu sein glauben, daß sie in einem Roman dargestellt worden sind. Als ob ein Schriftsteller seine Modelle je porträtähnlich gestaltete und sie nicht vielmehr so lange ummontierte und überblendete, bis sie sich den mit dem Werk verbundenen Absichten vollkommen fügen! Höchstens die Nebenfiguren werden mitunter unmittelbar nach dem Leben gezeichnet. Aber man muß heute alle möglichen Rücksichten nehmen, und so beschränke ich mich auf die Angabe, daß das Café irgendwo im Berliner Westen liegt. Der Westen ist groß und umfaßt zahlreiche Cafés.

Das von mir gemeinte macht auf den ersten Blick hin einen durchaus normalen Eindruck. Es hat eine ziemliche Ausdehnung, ist mit Menschen und Zeitungen gefüllt und enthält sich jeder Musik. Die einzige Musik, die man in ihm hören kann, wird durch ein feines Glöckchen erzeugt, das oberhalb einer handlichen Schiefertafel hängt, auf der sich der Name des jeweils zum Telephon gewünschten Gastes eingetragen findet. Immer, wenn der Page die Tafel mit dem Glöckchen darüber spazierenführt, ertönt ein Bimbim, und wäre der Rauch nicht so dicht, man glaubte auf einer Alm unter klingenden Kühen zu ruhen.

So alltäglich aber auch das Café anmutet, es ist inwendig verhext. Oder wie sonst sollte man sich die Tatsache erklären, daß jeder, der hier ahnungslos eintritt, um seinen Kaffee in Frieden zu trinken, binnen kurzem in einen Strudel ablenkender Ereignisse gerissen wird, die ihn zuletzt völlig verwirren? Urheber des Strudels ist unstreitig das Publikum, genauer: das Stammpublikum, dem auch der Ruf des Glöckchens gewöhnlich gilt. Die Verpflichtung, dieses Publikum einigermaßen zu kennzeichnen, erfordert wiederum meine Diskretion. Ich begnüge mich mit der Feststellung, daß es zum großen Teil ausländischer Herkunft ist, ohne die Nationen preiszugeben, denen es ersichtlich entstammt. Denn die gegenseitigen nationalen Vorurteile sind schon sowieso viel zu mächtig, als daß sie noch gefördert werden dürften. Wesentlich unbedenklicher scheint mir die Mitteilung zu sein, daß die betreffenden Stammkunden in der Operetten- und Filmbranche tätig sind. Und zwar dient ihnen das Café als Börse. Offenbar werden an ihr nur Werte gehandelt, die niedrig im Kurs stehen.

Aber nicht die Börsengeschäfte selber rufen jenen Strudel hervor, der alle Unbeteiligten verschlingt. Er brodelt und zischt vielmehr erst in den Feierstunden, in denen die richtige Börse erstorben ist. Dann verlassen die Stammgäste nämlich nicht wie andere Börsenbesucher den Versammlungsort, um ins Café oder nach Hause zu gehen, sondern verwandeln einfach die Börse in ein Café und machen aus ihm ihr Zuhause. So kommt es, daß sie sich eigentlich Tag und Nacht zu ständig wechselnden Zwecken im selben Raum aufhalten. Bald treffen sie Vereinbarungen über Schlager und Engagements, bald sind sie gewöhnliche Gäste und bald wohnen sie hier.

Vor allem die Beschäftigung des Wohnens füllt sie ganz aus. Ich weiß nicht, ob sie noch irgendwo eine eigene Unterkunft haben, aber jedenfalls benehmen sie sich in dem Café so ungezwungen wie in ihren privaten vier Wänden. Es ist, als wollten sie dem Zufallsgast von vornherein zeigen, wie behaglich sie sich hier fühlen. Da man bei sich zu Hause nichts essen und trinken muß, wenn man nicht unbedingt mag, verzichten sie meistens darauf, eine Bestellung zu machen; es sei denn, daß sie sich zwei Glas Wasser bringen lassen, um dem Kellner eine kleine Gefälligkeit zu erweisen. Der Kellner wäre sonst überflüssig und könnte unter Umständen abgebaut werden. Den Pagen droht in dieser Hinsicht keine Gefahr, weil sie voll ausgenutzt sind. Sie dürfen nicht nur in einem fort das Glöckchen schwingen, sondern auch alle jene Zeitungen hin- und herschleppen, die denselben Nationen wie das Stammpublikum angehören. Aus ihnen unterrichtet es sich über Vorgänge in den Cafés der fernen Heimat.

Daß sie schön ist und zu Wanderungen ermuntert, die Heimat, schließe ich aus dem Drang der Gäste, sich in ihrem Caféhaus ununterbrochen zu bewegen. Noch nie habe ich eine ähnlich starke Bewegung erlebt, und alle literarischen Bewegungen, die ich kenne, stehen an Triebkraft weit hinter dieser zurück. Wenn zum Beispiel zwei Leute an einem Tisch sitzen, begrüßt sie sofort ein Dritter, der andere Bekannte nach sich zieht, die wie von magnetischer Gewalt herbeigelockt werden. Ein Menschenhaufen ballt sich zusammen, der die freien und besetzten Stühle in der Nachbarschaft mit sich reißt und zuletzt einen undurchdringlichen Klumpen bildet, dessen Bestandteile nicht mehr voneinander zu unterscheiden sind. Zu bedauern ist nur der Tisch in der Mitte des Klumpens. Plötzlich und grundlos zerstreut sich die Gesellschaft wieder, und übrig bleiben Zigarettenreste und zahlreiche leere Stühle, die unordentlich im Raum herumfahren. Der Tisch ist zwar nicht zerquetscht worden, hat aber sein schmuckes Aussehen verloren. Die Mitglieder des Klüngels streifen jetzt einzeln durchs Lokal, um bald an irgendeiner neuen Stelle unvermutet zusammenzuschießen. Manche setzen sich überhaupt nicht, aus Angst, sie könnten etwas versäumen, sondern plaudern im Stehen und sind wie fliegende Truppen immer zum Aufbruch bereit. Andere lassen sich so auf einem Stuhl nieder, daß sie die ganze Umgebung beherrschen. Der Stuhl wird kurzerhand vom eigenen Tisch abgerückt und an den nächsten fremden herangeschoben, der auf diese Weise ebenfalls beschlagnahmt ist. Solche Umgruppierungen erhöhen nicht nur die Bequemlichkeit, sondern gewähren auch einen besseren Überblick über die im Lokal verteilten Gefährten. Nicht selten kommen vertrauliche Unterhaltungen zwischen Partnern zustande, die sich an entgegengesetzten Enden befinden. Die Hauptsache ist, daß die Stimme weit genug reicht.

Gegen Abend stockt der Wohnbetrieb, und eine sanfte Stille tritt ein. Harmlose Gäste durchblättern die Zeitschriften, die Pagen kichern hinter einer Balustrade, und in den Ecken flüstern verliebte Pärchen. Das Stammpublikum selbst ist bis auf wenige zurückgelassene Beobachtungsposten verschwunden. Ich habe Grund zur Annahme, daß es sich in der Zwischenzeit erholt, um für den Abend neue Kräfte zu sammeln. Denn kaum ist man der Pause halb innegeworden, so tost der Strudel schon wieder und heftiger als zuvor. Die Schlagerkomponisten, die zukünftigen Operettendiven, die Filmkomparsen, die Herren und die frisch importierten Jünglinge und Mädchen, die noch nichts ihr eigen nennen, außer Rosinen im Kopf: sie alle sind vollzählig eingezogen und bemühen sich jetzt darum, ihre Leistungen zu verdoppeln. Unbekümmert besetzen sie die Gänge, summen Bruchstücke sinnloser Melodien, schlagen über Abgründe hinweg Gesprächsbrücken und kreischen. Wehe dem Gast, der zwischen ihre Schwärme gerät! Er ist vom Ersticken bedroht und kann sich noch glücklich schätzen, wenn er, dem dünnen Bimbim des Telephonglöckchens folgend, mit heiler Haut den Ausgang erreicht.

* * *

Hans Sahl
»die stillen Stunden im Romanischen«

Es gab Zeiten, da ließ sich die Kultur eines Landes an seinen Caféhäusern ablesen. In Paris trafen sich Picasso und Braque, auch Breton und die Surrealisten täglich im »Flore« oder im »Deux Magots« oder im »Dôme«. Dann gab es noch das »Select« und die durch Hemingway berühmt gewordene »Closerie des Lilas«.

In Wiens »Café Herrenhof« und im »Café Central« schrieben, diskutierten, verzankten und versöhnten sich Alfred Polgar und Peter Altenberg, ließ sich Karl Kraus zu seinen apokalyptischen Abrechnungen mit der Journaille und mit seinen Erbfeinden inspirieren.

In Berlin war der Ort, an dem alle Fluchtlinien sich trafen, wo Gerüchte in Umlauf gesetzt und widerrufen, Karrieren gemacht und wieder vernichtet wurden, das »Romanische Café« am Ende des Kudamms vor der Gedächtniskirche. Dort schrieb der Dichter Ernst Blass eine Gedichtzeile, die dem Lebensgefühl einer Stadt Ausdruck verlieh, in der das Neue, Unerhörte, Noch-nie-Dagewesene hinter jeder Straßenecke lauerte und darauf wartete, erkannt und in Songs von Brecht, Mehring, Tucholsky umgesetzt zu werden: »Die Straßen komme ich entlang geweht.«

Im »Romanischen« fanden die Schlachten um die neue Kunst statt, um den Expressionismus in der Lyrik, die Neue Sachlichkeit in der Malerei, um das politische Theater Erwin Piscators, um die letzten Inszenierungen von Max Reinhardt und Leopold Jessner. Da wurde der Naturalismus eines Gerhart Hauptmann unter den Grabgesängen der Lederjacken, die sich um Bert Brecht und sein Episches Theater scharten, beigesetzt. Da huschte die schwarzhaarige Else Lasker-Schüler von Tisch zu Tisch und beschwor mit brennenden Augen ein psalmodierendes Morgenland. Da ließ sich der mächtige Dithyrambiker Theodor Däubler von Dolbins unbarmherzigem Zeichenstift zu einer Karikatur erniedrigen, die nur aus einem Gestrüpp von Haaren zu bestehen schien, einem lebendigen Drahtverhau. Da bewegte sich die Drehtür mit stürmischer Eile und ließ Ernst Busch herein, den Sänger der Weltrevolution, den wir »Barrikaden-Tauber« nannten, nach Richard Tauber, dem Operettentenor.

Ich liebte die stillen Stunden im »Romanischen«, morgens gegen zehn Uhr, wenn der rothaarige Zwerg Richard mir die Zeitungen auf den Tisch legte und das Café noch fast leer war und nach frisch gebranntem Kaffee und kaltem Zigarettenrauch roch, oder abends nach acht, wenn die meisten bereits ins Theater oder zum Essen gegangen waren und die Schachspieler auf der Empore schweigend über ihren Brettern brüteten. Da saß ich mit Wolfgang Koeppen, der wie ich für das fortschrittlichste, also für Schönberg, Kandinsky, Döblin kämpfende Feuilleton schrieb, nämlich das des »Berliner Börsen-Courier«, und besprach mit ihm

die letzte mörderische Polemik zwischen den Theaterkritikern Herbert Ihering und Alfred Kerr.
Koeppen war unglücklich verliebt in eine ephebenhaft zarte, junge Schauspielerin, die später in Erika Manns »Pfeffermühle« ganz Zürich begeistern sollte, und die damals zauberhaft wie ein Kolibri durchs »Romanische« schwebte und häufig am Tisch des Frauenarztes Dr. Klapper zu treffen war, der für die freie Liebe kämpfte und zu diesem Zwecke seine 10-Zimmer-Wohnung am Kurfürstendamm zur Verfügung stellte.

* * *

Hans Sahl und Wolfgang Koeppen waren Kollegen. Beide zu Beginn der dreißiger Jahre in Berlin lebend, schrieben sie für den *Berliner Börsenkurier.* Sahl schrieb Filmkritiken, Koeppen war Ressortleiter und Feuilletonredakteur, und arbeitete außerdem als Dramaturg bei Erwin Piscator.
Wolfgang Koeppen fühlte sich im Romanischen Café eigentlich als Außenseiter. Marcel Reich-Ranicki erzählt er: »Ich habe mich nicht mit den anderen Gästen verbrüdert. [...] Ich saß allein dort. Das genügte mir. Ich wollte sozusagen das Café in der Einsamkeit genießen.«
»Nach der Heimat gefragt«, berichtet Koeppen: »In einem *Atlas*, zusammengetragen von deutschen Autoren [...], wählte ich als meine Landschaft das Romanische Café in Berlin. Tatsächlich habe ich an diesem unvergleichlichen Ort der Träume viele Stunden verbracht und Tage, an denen ich fehlte, als verloren betrachtet. Meine endlich akzeptierte

Heimat war Berlin. Das Café, das Kurfürstendammviertel, die Berliner Verkehrsbetriebe, der Lesesaal der Staatsbibliothek, endlich der Spittelmarkt, die Redaktion, wo ich manchmal auch das Wetter machte, einen Blick zum Himmel wagte und Gewitter kündete, dies alles war eine schöne Heimat, ich liebte sie sehr. 1933 fing Hitler an, Berlin zu zerstören und brauchte dazu zwölf Jahre. Nachher stellten sich die alten Heimatgefühle nicht wieder ein.«
Er beschwört noch einmal den Geist des Romanischen Cafés, das 1943 bei einem Bombenangriff endgültig zerstört worden ist.

Wolfgang Koeppen
Romanisches Café

Der Kaiser oder des Kaisers Baumeister oder des Kaisers Knecht hatte zum Gedenken des alten Kaisers, von dem der junge Kaiser das Reich und die Würde nahm, die romanische Kirche gebaut und sich selber gehuldigt, indem er mit der zeitgemäßen romanischen Kirche dem alten Kaiser huldigte und Kaiser Carolus Magnus und Kaiser Barbarossa und Lohengrin mit dem Schwan und dem Großen Kurfürsten mit dem Exerzierstock und Fridericus Rex mit dem Krückstock und dem von Säckingen mit der Trompete und Martin Luther wegen der festen Burg, die unser Gott ist, und Gustav Freytag wegen der Ahnen, auf die wir stolz sind, und dem Hofprediger Stöcker, der ein Fels war gegen die Auflösung der rechten Zucht, und dann hatte einer gedacht von der Königlichen Bauakademie oder von der Baufirma Heilmann & Littmann oder auch von der Deutschen Bank oder der Herr von Bleichröder, daß man zur romanischen Kirche ein romanisches Haus bauen solle mit Rundbogen und schmucken Säulen und traulichen Erkern zum Hinausstrecken von Ritterfahnen und hübschen Balkonen für Herolde und für Burgfräulein, die den Turnieren auf dem Platz zuschauen mochten, dem Drachentöter, der des millionenköpfigen, millionenfüßigen Untiers nicht Herr wurde, das auf allen Straßen herankroch, vielleicht wollten sie auch noch dem Klang der Laute lauschen, dem privilegierten Minnelied oder der Siegeshymne, es wurde nur ein Zapfenstreich, doch auch Fahrende kamen mit allerlei Kunststücken, andere als man geladen und erwartet hatte, später, und es zogen Geschäftsleute in das romanische Haus und handelten mit Stahl oder mit Schläue, und ein Zahntechniker und ein Nervenarzt eröffneten ihre Praxen und heilten oder heilten nicht, und ein Oberst wohnte im Haus, der Kommandant der Garde, in zehn oder in zwölf oder in zwanzig Zimmern, durch hohe Tore verbunden, daß das Regiment der Gardes du Corps hätte hindurchreiten können mit Adlerhelm und bewimpelten Lanzen, im Fahrstuhl von Otis in die Beletage gehoben, und sie alle blickten zu den romanischen Fenstern hinaus oder konnten zu den säulchenumrahmten Fenstern hinausblicken, wenn sie es wollten, und sahen am Sonntag die Gemeinde in die Kirche gehen, unterm Zylinderhut oder unterm Kaiserin-Augusta-Victoria-Hut oder unter der Pickelhaube des Reserveoffiziers, ein aktiver General schritt mit im Chor, unter weißem Flederwisch, das lutherische Gesangbuch an die goldenen Tressen oder die silberne Schärpe gepreßt, ein Flügeladjutant, ein protestantischer Erzengel, vom Kadettenmeister gezähmt, und am Sabbat wanderten die anderen Herren, nur unterm Zylinderhut, doch hier und dort einer in stolzer Uniform oder stolz in der Uniform als Gardereservezahlmeister, vielleicht auch Leutnant vom Troß oder von der Armierungstruppe, den Weg etwas weiter hin, zum Bethaus hin, und auch da die Fürbitte für die Majestät, nicht weniger dankbar, nicht minder untertan, und die Garde zog aus im August und nicht nur die Garde, auch der Train kam ins Feuer, und die Armierungssoldaten gingen ins Gas, sie zogen nicht wieder ein im November, nicht die Garde zu Pferd, nicht der Troß, die Schipper hatten ihre Spaten bei den Toten gelassen, kein Triumphzug vor den romanischen Fenstern, und viele brauchten nun ihren Zylinderhut und die Uniform nie mehr, die Kirchgänger gingen mit Schlapphüten zur Kirche, nur die Sabbatgänger wahrten noch die Würde des steifen Hutes, und im Schatten der dem Gedächtnis des alten und schon vergessenen Kaisers geweihten Kirche und im Schatten des romanischen Hauses lag das *Romanische Café* mit seiner Sommerterrasse wie ein Schiff, verankert oder auf freier Fahrt, flott oder schon gestrandet, ein Leib aus Beton und die Maste aus Eisen, Ebbe und Flut des Geldes kam, Sturmflut der Not kam, die Armada der Automobile zog vorüber, ein Hurrikan zog auf und wuchs, Mond und Sterne der Kinoreklame gingen auf und unter, die Passagiere auf dem Schiff drängten in die spärliche Sonne, die Fahrenden, die gekommen und nicht geladen waren, und die Götter, zu denen sie beteten oder die sie verleugneten, die Götter hatten sich wohl schon abgewandt von ihnen, voll Entsetzen, oder die Götter waren nie da gewesen, so träumten die Gäste den neuen Traum, daß Gott tot sei, oder sie träumten den alten Traum, daß sein Name über alle Namen sei, und als ich mich zugesellte, das gelobte Land erreichte vom pommerschen Acker her, vierter Klasse, mit Milchkannen und Kartoffelsäcken, und vom Stettiner Bahnhof nach dem Stadtplan zu Fuß, auf dem Weg nach Eden, da schien mir der Tempel zu strahlen, wie mein Verlangen es mir verkündet hatte, ich lauschte den Dichtern und Philosophen, hörte den Malern und Schauspielern zu, begegnete den klugen Herren der großen mächtigen Zeitungen, den zuversichtlichen Abgeordneten der großen und mächtigen Volksparteien, ich liebte die Anarchisten und die anarchischen Mädchen, die bei ihnen saßen, und die Träumer vom ewigen Frieden und die Schwärmer von Freiheit, Gleichheit und Brüderlichkeit, und ich lernte den Sohn eines Wunderrabbi aus Miropolje in Galizien kennen, der schwebte, ein schulbleicher hungriger Seraph, an der Terrasse vorbei, wo sie sich im Gespräch erhitzten und glaubten, Zukunft zu haben oder wenigstens Dauer der Gegenwart, und der Sohn des Wunderrabbis trug einen fettigstaubigen Samt- oder Pelzhut und sagte ein jiddisches oder hebräisches Wort, ich habe es vergessen und nicht vergessen, es klang wie hävter, und es bedeutete Sand oder Wind oder Sand im Wind, und er und ich, wir sahen die Terrasse und das Kaffeehaus wegwehen, verschwinden mit seiner Geistesfracht, sich in Nichts auflösen, als sei es nie gewesen, und es marschierten die Standarten auf, die Bewegung bewegte sich zur Kirche oder in die Kirche oder in die Kinos, es war kein Unterschied, die Bewegung wurde in der Kirche empfangen und gesegnet und im Kino gefeiert, das Bethaus wurde entflammt, ein erstes Licht, das aufging, bevor die Stadt in Lichtern strahlte, und die Gäste des Cafés zerstreuten sich in alle Welt oder wurden gefangen oder wurden getötet oder brachten sich um oder duckten sich und saßen noch im Café bei mäßiger Lektüre und schämten sich der geduldeten Presse und des großen Verrates, und wenn sie miteinander sprachen, flüsterten sie, und wenn sie gingen, bereuten sie, daß sie selbst nur geflüstert hatten, und nicht die Garde zog aus und nicht die Garde kam wieder, jedermann zog aus, Mann, Weib und Kind und kam nicht wieder, und ich floh in einer Nacht im November durch die Kanäle der Stadt, durch die dunklen Adern ihrer unterirdischen Kommunikation, über die stromlosen Schienen der Untergrundbahn, ich traf Hadesgespenster, die kleinen Herren der kleinen ohnmächtigen Zeitungen, geprügelte verfolgte Politiker, verstummte Dichter, gefesselte Künstler und Bekanntschaften, die sich den Stern der Schande abgerissen hatten, die nicht ihre Schande war, wir waren in Schlafdekken gehüllt oder in Säcke, wir schützten das Gesicht mit feuchten Tüchern vor dem beißenden Rauch, wir waren im Purgatorium zwischen Wittenbergplatz und Zoologischer Garten, ein Verleger stolperte über Schotter und Schwellen und sagte, Sie werden das schreiben, und ich dachte, ich werde es schreiben, und wußte, daß ich starb, in dieser Zeit, in diesen Jahren, auch wenn ich nicht gehenkt würde oder erschlagen oder verbrannt, über uns loderte die Stadt, brauste der Feuersturm, ich stieg aus dem Schacht, der Turm der Kirche war zerschmettert, und das romanische Haus mit dem Romanischen Café glühte, als leuchtete im Sieg die Oriflamme eines geheimen Vaterlandes.

* * *

»Und auch gestorben unser Café in Berlin.« – Der letzte Eintrag im Gästebuch kommt aus dem Exil. Das Kaffeehaus ist für Else Lasker-Schüler, wo sie auch hinkam, Heimat und Lebenselixier. Sie wurde 1933 in Berlin von Nationalsozialisten auf offener Straße überfallen und floh in die Schweiz, nach Zürich, übernachtete auf Parkbänken, bis sie endlich eine Aufenthaltsgenehmigung erhielt. Bevor sie ihre letzten Jahre in Jerusalem im Café Sichel verbrachte, hatte sie das Café Select in Zürich zu ihrem Wohnsitz erwählt – und sehnt sich nach Berlin, ins Romanische Café.

Else Lasker-Schüler
»Unser romanischer Kraal«

In unserem Romanischen Cafehauses weiland verlorenem Heimateiland Urenkeltochtertochter der Zürcher Selektbar, sind wir verscheuchten Dichter, Maler, Musiker und Bildhauer, vis a vis der Limmat, zwischen nicht verscheuchten Dichtern, schweizer Malern und Bildhauern zu finden. Einlullende Radiomusik wiegt unsere Emigration leise ein. Und warten doch im Traume nicht mehr auf das Wunder. Das Romanische Café im balkonbesetzten Gebäude am Ende des Tauentzien gehörte uns Künstlern und dem Bürger Berlins, der sich heimisch zwischen uns abenteuerlichen Menschen fühlte, zwischen hell und dunkeläugigen.
»Wenn nur das Harz auf dem rachtigen Platz.« (Sagt der Schweizer in seinem steinigen Dialekt.)

Durch die blanken Scheiben der Romanischen Terasse,
Blickt mancher Blick noch über seine Cafetasse,
Manch eines Cafehausbesuchers Augen nach uns aus.

Bäche fliessen aus meinen Augen, überkommt mich die Sehnsucht, nach euch, meine unvergesslichen Indianerfreunde und Indianerfreundinnen und unserm romanischen Kraal:

Ich glaube wir sind alle für einand gestorben –
Und auch gestorben unser Cafe in Berlin.
Arm zog ich aus, ich habe nichts erworben.
Und meine Thränen liess ich in Berlin.

Zu den Autorinnen und Autoren

Franz Hessel, geboren 1880 in Stettin als Sohn eines jüdischen Bankiers, wuchs in Berlin auf. Nach seinem Studium in München lebte er seit 1906 in Paris, wo er auch Walter Benjamin traf. In den 1920er Jahren kehrte er nach Berlin zurück und war als Herausgeber und Lektor beim Rowohlt Verlag tätig. Trotz des Berufsverbots emigrierte Hessel erst nach dem Novemberpogrom 1938 nach Paris. Er floh vor der vorrückenden deutschen Wehrmacht nach Sanary-sur-Mer. Nach seiner Entlassung aus der Internierung im Lager Les Milles starb Hessel im Januar 1941. *Rundfahrt* ist zuerst 1929 erschienen in dem Band *Spazieren in Berlin*.

Else Lasker-Schüler, 1869 in Wuppertal-Elberfeld als jüngstes von sechs Kindern einer jüdischen Familie geboren, heiratete 1894 den Arzt Jonathan Berthold Lasker, den Bruder des Schachweltmeisters Emanuel Lasker und zog mit ihm nach Berlin. Nach ihrer Scheidung 1903 heiratete sie Georg Lewin, dem sie den Namen Herwarth Walden gab. Sie malte und schrieb, ihre Gedichte und Zeichnungen erschienen in Waldens expressionistischer Zeitschrift *Der Sturm* und im *Querschnitt*. Als 1912 diese Ehe geschieden wurde, lebte sie zusammen mit ihrem 1899 geborenen Sohn Paul im Hotel. Die Trennung von Walden und das Leben in Berlin und vor allem im Kaffeehaus schildert sie in ihrem Roman *Mein Herz – Briefe nach Norwegen*, die sie an Walden schreibt. Karl Kraus bezeichnete sie als »stärkste und unwegsamste lyrische Erscheinung des modernen Deutschland.« 1933 wurde sie auf der Straße von Nazis verprügelt und floh in die Schweiz. Von dort fuhr sie zwei Mal nach Palästina. 1938 wurde ihr die deutsche Staatsbürgerschaft aberkannt. Von ihrer zweiten Reise verhinderte der Kriegsausbruch 1939 ihre Rückkehr in die Schweiz. 1945 starb sie in Jerusalem.

Kurt Tucholsky, geboren 1890 in Berlin, studierte dort und in Genf Jura und promovierte 1914 in Jena. Der Schriftsteller und Journalist war unter den Pseudonymen Peter Panter, Theobald Tiger, Ignaz Wrobel und Kaspar Hauser Mitarbeiter der Zeitschrift *Die Weltbühne*, deren Mitherausgeber er auch war. Zusammen mit Carl von Ossietzky machte er sie zu einem der bissigsten und kritischsten Blätter der Weimarer Republik. Der Gesellschaftskritiker war Kabarettautor, Liedtexter, Romanautor, Satiriker und Kritiker, galt als »Prophet der Katastrophe« und ging schon 1929 quasi ins Exil nach Schweden. Von dort aus schrieb und beobachtete er die Entwicklungen in Deutschland.

Walter Benjamin, geboren 1892 als erstes von vier Kindern einer assimilierten jüdischen Familie, verbrachte seine Kindheit und Jugend in Berlin. *Berliner Kindheit um 1900* oder *Berliner Chronik* ist eine Sammlung von Prosaminiaturen und autobiographischen Schriften, entstanden zwischen 1932 und 1938. Der Philosoph, Essayist, Feuilletonist, Kulturkritiker und Übersetzer gehörte in Frankfurt am Main zum Kreis des Instituts für Sozialforschung, lebte zwei Jahre in Paris, wo er zusammen mit Franz Hessel an der Übersetzung von Marcel Prousts *Auf der Suche nach der verlorenen Zeit* arbeitete. Nach längerem Aufenthalt in Moskau zurück in Berlin, verfolgte er mit Bertolt Brecht gemeinsame Projekte und war Korrespondent der *Frankfurter Zeitung*. Nach der Machtergreifung der Nationalsozialisten ging er 1933 ins Exil nach Paris, wo er im Lager Château de Vernuche interniert wurde. 1939 gelang ihm die Flucht nach Marseille, von wo er über Spanien und Portugal in die USA flüchten wollte. 1940 nahm er sich in Port Bou, da er seine Auslieferung an die Gestapo fürchtete, das Leben.

Egon Erwin Kisch, geboren 1885 in Prag, wurde wegen seiner Reportagen unter der Bezeichnung *Der rasende Reporter*, dem Titel eines seiner Reportagenbände, bekannt. Der österreichische Journalist und Schriftsteller kam 1913 nach Berlin, er war kurz Dramaturg an dem von Gerhart Hauptmann geleiteten Deutschen Künstlertheater. Nach dem Ersten Weltkrieg, in dem er auf österreichischer Seite Soldat war, wurde er als Kommunist zur unerwünschten Person erklärt und ausgewiesen. 1921 zog er wieder nach Berlin. Nach dem Reichstagsbrand wurde er wegen Verdachts der Teilnahme an Hochverrat verhaftet und wegen seiner kommunistischen Überzeugung und seiner jüdischen Herkunft ausgewiesen. Er engagierte sich im Widerstand gegen den Nationalsozialismus. Ende 1939 gelang es ihm aus Frankreich als »politisch unsicherer Ausländer« in die USA zu fliehen. Von den USA aus ging er ins Exil nach Mexiko. Seine letzten Lebensjahre verbrachte er in Prag, wo er 1948 starb.

Georg Zivier, geboren 1897 in Breslau, war Schriftsteller, Theaterkritiker und Journalist. Er schrieb für die *Vossische Zeitung* und das *Berliner Tageblatt.* Wegen seiner jüdischen Herkunft wurde er 1937 aus der Reichsschrifttumskammer ausgeschlossen und zur Zwangsarbeit verpflichtet. Er publizierte weiter unter dem Pseudonym Hans Gregor. Nach Kriegsende arbeitete er als Theaterkritiker für *Die Neue Zeitung* und verfasste Hörspiele und Erzählungen. Zivier starb 1974 in Berlin.

John Höxter, 1884 geboren in Hannover, studierte Malerei bei Leo von König an der Berliner Kunstgewerbeschule. Er arbeitete für Satirezeitschriften wie *Der blutige Ernst des Lebens.* Der Poet und Schnorrer war der ungekrönte König der Berliner Boheme. *So lebten wir* ist ein 1929 im jüdischen BiKo-Verlag erschienener schmaler Band mit den Erinnerungen des Bohemiens. Als die Gestapo 1933 einen Stammtisch im Café bezog, wurde John Höxter wie so viele Gäste aus seinem Stammlokal vertrieben. Nach dem Novemberpogrom nahm er sich 1938 das Leben.

Anton Kuh, geboren 1890 in Wien, war Journalist, Essayist, Erzähler, ein Meister der kleinen Form, von Anekdoten und Glossen von beißendem Spott und Witz. Er hielt sich abwechselnd zwischen Wien und Berlin auf, wechselte nur die Kaffeehäuser. Kurt Tucholsky nannte ihn einen »Sprechsteller«. Kuh war u.a. Mitarbeiter der *Weltbühne*, der *Schaubühne* und des *Querschnitt.* Von den Nationalsozialisten als »Kulturbolschewist« verunglimpft und wegen seiner jüdischen Herkunft musste er 1933 Deutschland verlassen. Nach dem »Anschluss« Österreichs emigrierte er in die USA. Er starb 1941 in New York.

Erich Mühsam, geboren 1878 in Berlin, der Schriftsteller und Publizist war Anarchist, Bohemien und überzeugter Pazifist. In den revolutionären Kämpfen um die Räterepublik in München spielte Mühsam eine leitende Rolle, wurde 1919 interniert und saß fünf Jahre in Festungshaft. Nach seiner Entlassung 1924 kam er nach Berlin und gründete die anarchistische Zeitschrift *Fanal.* Er veröffentlichte unter Pseudonym satirische Beiträge im *Ulk*, der Beilage des *Berliner Tageblatts.* 1933 wurde er kurz nach der Machtergreifung der Nationalsozialisten von der SA verhaftet und im KZ Oranienburg nach 16-monatiger Schutzhaft ermordet. Obwohl Erich Mühsam 1926 offiziell aus dem Judentum ausgetreten war, meldete die nationalsozialistische Presse, »der Jude« Erich Mühsam habe sich in der Schutzhaft erhängt.

Géza von Cziffra, 1900 im ungarischen Banat geboren, ist vor allem als Regisseur erfolgreicher Unterhaltungsfilme wie *Kauf dir einen bunten Luftballon, Die Abenteuer des Grafen Bobby* und *So ein Millionär hat's schwer* bekannt. Er arbeitete auch als Dramaturg, Bühnen- und Drehbuchautor und schrieb Bücher, darunter einige Memoirenbände. Als junger Mann war er in den zwanziger und dreißiger Jahren Stammgast in den Berliner und Wiener Kaffeehäusern, wo er die Bekanntschaft von Egon Erwin Kisch, von Else Lasker-Schüler, von Bertolt Brecht und von Joseph Roth machte. Géza von Cziffra starb 1989 in Dießen am Ammersee.

Klabund, 1890 als Alfred Georg Hermann »Fredi« Henschke in Crossen an der Oder geboren, wählte er später das Pseudonym Klabund, zusammengesetzt aus den Wörtern Klabautermann und Vagabund. Er studierte in München Philosophie, Philologie und Theaterwissenschaft, später auch in Berlin und Lausanne. Klabund wurde Mitarbeiter der Zeitschrift *Die Weltbühne* und schrieb für die Satirezeitschrift *Simplicissimus.* Wegen Tuberkulose wurde er im Ersten Weltkrieg nicht eingezogen. Er verfasste Dramen und Romane, übersetzte und beschäftigte sich mit fernöstlicher Literatur. Sein Drama *Der Kreidekreis* war an chinesischer Dichtung orientiert, Alexander von Zemlinsky machte das Drama zur Grundlage einer gleichnamigen Oper und sein Freund Bertolt Brecht schrieb den *Kaukasischen Kreidekreis.* Für die Berliner Kabaretts schrieb er regelmäßig seine Bänkelgesänge und Lieder. Klabund starb 1928 an seiner Tuberkulose in Davos.

Joseph Roth, 1894 in Brody, Ostgalizien, Österreich-Ungarn geboren, war Journalist und Schriftsteller. Er studierte in Lemberg und Wien und absolvierte bis zum Ende des Ersten Weltkrieges seinen Wehrdienst. 1919 begann er seine journalistische Tätigkeit bei der Wiener Tageszeitung *Der neue Tag*. 1920 übersiedelte er nach Berlin. Er arbeitete für den *Berliner Börsenkurier* und für die *Frankfurter Zeitung*. Sein erster Roman, *Das Spinnennetz*, wurde 1923 publiziert. Im selben Jahr erschien *Richard ohne Königreich* in *Die Neue Berliner Zeitung*. Am 30. Januar 1933, dem Tag der Ernennung Adolf Hitlers zum Reichskanzler, verließ Joseph Roth Deutschland und ging zunächst nach Paris. Er wechselte häufig seinen Aufenthaltsort. 1936 war er im belgischen Oostende, wo er die Schriftstellerin Irmgard Keun kennenlernte; die beiden wurden für achtzehn Monate ein Paar. Roth starb 1939 in einem Armenhospital in Paris.

Irmgard Keun, geboren 1905 in Berlin, zog mit ihren Eltern 1913 nach Köln. Sie besuchte zunächst eine Handelsschule und arbeitete als Stenotypistin. 1927 absolvierte sie nach zwei Jahren die Schauspielschule in Köln und erhielt Engagements in Greifswald und Hamburg. Alfred Döblin ermutigte sie zum Schreiben. Mit ihrem ersten Roman *Gilgi, eine von uns*, 1931, und 1932 mit *Das kunstseidene Mädchen* hatte sie großen Erfolg. Ihr Aufnahmeantrag in die Reichsschrifttumskammer wurde abgelehnt und ihre Bücher 1934 beschlagnahmt. Sie ging nach Oostende in Belgien ins Exil. Dort traf sie Joseph Roth. Sie unternahmen gemeinsame Reisen nach Paris, nach Wilna, Lemberg, Wien, Brüssel und nach Amsterdam. Sie schrieben beide, ergänzten und förderten sich gegenseitig, aber ihrer beider Alkoholabhängigkeit führte 1938 zur Trennung. 1940 ging sie mit falschen Papieren zurück nach Köln und lebte dort bis 1945 unter dem Namen Charlotte Tralow. Nach dem Krieg arbeitete sie als Journalistin, schrieb für den Rundfunk und verfasste Feuilletons. Sie konnte nicht mehr an ihren Erfolg anknüpfen und lebte zeitweise unter sehr armseligen Bedingungen. Ende der 1970er Jahre erlebte Keun eine späte Wiederentdeckung, die sie selbst nicht mehr genießen konnte. Sie starb 1982 in Köln.

Friedrich Hollaender, 1896 in London geboren als Sohn des bekannten Operettenkomponisten Victor Hollaender, der um die Jahrhundertwende am Metropol am Nollendorfplatz tätig war. Er improvisierte als Jugendlicher am Flügel Musik zu Stummfilmen und gründete nach dem Ersten Weltkrieg zusammen mit Kurt Tucholsky, Klabund, Walter Mehring, Mischa Spoliansky, Joachim Ringelnatz und Blandine Ebinger ein Kabarett, das im *Schall und Rauch* im Keller von Max Reinhardts großem Schauspielhaus auftrat. Seinen musikalischen Durchbruch erlebte er mit dem Film *Der blaue Engel*, für den er die Musik und das Lied für Marlene Dietrich *Ich bin von Kopf bis Fuß auf Liebe eingestellt* komponierte. 1933 musste Hollaender wegen seiner jüdischen Abstammung Deutschland verlassen. Über Paris emigrierte er schließlich 1934 nach Hollywood. Dort traf er auf Billy Wilder, den er schon aus dem Romanischen Café kannte. In Wilders Berlin-Film *Eins zwei drei* sitzt er nicht nur am Klavier, sondern tritt auf als Dirigent einer Hotelkapelle. Er zog 1955 zurück nach Deutschland und ließ sich in München nieder, wo er 1976 starb.

Moritz Seeler, geboren 1896 in Greifenberg, Pommern, war Theaterregisseur, Schriftsteller und Filmproduzent. Im Romanischen Café war er eine zentrale Figur. Er initiierte Filme wie den berühmten halbdokumentarischen Stummfilm *Menschen am Sonntag* von Robert Siodmak und Billy Wilder, dem einzigen Film, in dem das Romanische Café zu sehen ist, gründete die »Junge Bühne«, die jungen Schauspielern in Sonntagsmatineen etablierter Theater Auftrittsmöglichkeiten verschaffte, produzierte zusammen mit Bertolt Brecht die Uraufführung von Marieluise Fleißers *Pioniere in Ingolstadt* und Hans Henny Jahnns *Richard III.* und schrieb zusammen mit Friedrich Hollaender die Texte für die Revue *Bei uns um die Gedächtniskirche rum.* Er floh 1933 nach Prag und nach Wien, kam aber 1935 zurück und arbeitete für den *Jüdischen Kulturbund Rhein-Ruhr*. 1938 war er ohne Arbeit wieder in Berlin, wurde zur Zwangsarbeit eingezogen und während der Novemberpogrome verhaftet. 1942 wurde er in das Ghetto Riga deportiert, wo er ermordet wurde.

Mascha Kaléko, 1907 als Tochter jüdischer Eltern in Galizien geboren, fand in den zwanziger Jahren in Berlin Anschluss an die Künstler- und Literatenkreise im Romanischen Café. Sie wurde mit ihren Großstadtgedichten sehr schnell erfolgreich. Noch 1933 wurde sie Mitglied in der Reichsschrifttumskammer und blieb trotz ihrer jüdischen Herkunft bis 1937 vor Verfolgung verschont. Erst 1938 emigrierte sie nach New York. Hier schrieb sie:

Mich trieb von Berlin nach Amerika
Ein Abschnitt der jüngsten Geschichte.
Nun sitz ich im fernen New York, U.S.A.,
Und schreibe dort – deutsche Gedichte.

1959 übersiedelte sie von New York nach Jerusalem. Sie starb 1975 während einer letzten Lesereise in Zürich.

Erich Kästner, 1899 in Dresden geboren, war Drehbuchautor, Publizist, Kabarettist und Romanautor. Er finanzierte sein Studium in Leipzig aus Einnahmen als Journalist und Theaterkritiker für das Feuilleton der *Neuen Leipziger Zeitung*. 1927 veröffentlichte er ein erotisches Gedicht und muss die Zeitung verlassen. Er ging nach Berlin und schrieb unter verschiedenen Pseudonymen weiter für diese Zeitung. Seine Berliner Zeit, von 1927 bis 1933, gilt als seine produktivste. Er publizierte in der *Vossischen Zeitung*, in *Die Weltbühne*, im *Berliner Tageblatt*, verfasste Glossen, Feuilletons, Gedichte, Rätsel und Geschichten. Nebenbei arbeitete er als Werbetexter. Sein Roman *Emil und die Detektive*, 1929 publiziert, wurde über zwei Millionen Mal verkauft und in 59 Sprachen übersetzt. Bei der Bücherverbrennung wurden seine Bücher ins Feuer geworfen, er war als einziger Autor sogar dabei, bekam Publikationsverbot, emigrierte jedoch nicht. Seine Bücher konnten in einem Schweizer Verlag erscheinen. Unter dem Pseudonym Berthold Bürger entwarf er 1942 sogar das Drehbuch für den Ufa-Jubiläumsfilm *Münchhausen.* Nach dem Ende des Zweiten Weltkriegs lebte Kästner in München, schrieb vor allem für

Kabaretts, trat bei Friedensveranstaltungen und Ostermärschen als Redner auf, aber fand keinen wirklichen Anschluss an die Nachkriegsliteratur. Er starb 1974 in München.

Sylvia von Harden, geboren 1894 als Sylvia von Halle in Hamburg, war eine expressionistische Lyrikerin und Journalistin. Sie lebte, bevor sie Anfang der zwanziger Jahre nach Berlin ging, mit dem expressionistischen Dichter Ferdinand Hardekopf zusammen und arbeitete für den Zürcher Verlag Rauscher. 1919 erschien in der Zeitschrift *Die Bücherkiste* ihre erste Prosaarbeit, *Die Maske*, 1921 *Verworrene Städte*, ihr erster Lyrikband. Sie heiratete 1922 Friedrich Lehr, der sich im selben Jahr das Leben nahm. Wenn sie nicht auf Reisen war, verbrachte sie ihr Leben vor allem im Kaffeehaus in Berlin. Als Journalistin schrieb sie für das *Berliner Tageblatt*, die *Berliner Volks-Zeitung* und die Prager Presse. Im März 1959 veröffentlichte sie in der *Frankfurter Rundschau* den Artikel »Erinnerungen an Otto Dix«, in dem sie erzählt, wie Dix sie im Romanischen Café beobachtet und schließlich angesprochen habe, er müsse sie unbedingt malen: »Sie repräsentieren eine ganze Zeitepoche.« 1936 emigrierte sie über die Schweiz und Italien nach England. Nach 1945 schrieb sie u. a. für die *Frankfurter Rundschau* und veröffentlichte 1958 in der Jugendbuchreihe Silberstein das Buch *Das Leuchtturmmädchen von Longstone*. Sie starb 1963 in Croxley Green, England.

Elias Canetti, 1905 in Russe, Bulgarien, geboren, verbrachte seine Kindheit in Bulgarien und England. Nach dem Tod des Vaters 1912 zog die Mutter mit ihren drei Söhnen um nach Wien, 1916 dann in die Schweiz. 1921 zog er mit Mutter und Brüdern nach Deutschland und machte 1923 sein Abitur in Frankfurt am Main. 1924 lebte er wieder in Wien und studierte Chemie. Er besuchte die Vorlesungen von Karl Kraus, die ihn mehr interessierten als sein Studienfach. Als er 1927 die ungarische Dichterin Ibby Gordon kennenlernte, folgte er ihr, obwohl er verheiratet war, für einige Zeit nach Berlin. Dort arbeitete er als Übersetzer für Wieland Herzfeldes Malik Verlag. Er schrieb seinen Roman *Die Blendung* 1931, der erst 1936 publiziert wurde und für den er 1981 den Nobelpreis erhielt. Das zunehmend antisemitische Klima des Nationalsozialismus und schließlich der »Anschluss Österreichs« veranlassten Canetti und seine Frau Veza über Frankreich nach England zu emigrieren. Er begann an seinem Hauptwerk *Masse und Macht* zu arbeiten. Sein Leben schrieb er in einem Autobiographie-Zyklus auf, die Aufzeichnungen beginnen 1942 und enden 1992. Nach dem Tod seiner Frau 1962 zog Canetti nach Zürich, wo er 1994 starb.

Gabriele Tergit, 1894 in Berlin geboren als Elise Hirschmann, Tochter jüdischer Eltern, studierte in Berlin, München, Heidelberg und Frankfurt am Main Geschichte, Philosophie und Soziologie. Gabriele Tergit war das Pseudonym, unter dem sie, die inzwischen verheiratete Elise Reifenberg, Feuilletons in der *Vossischen Zeitung* und im

Berliner Tageblatt schrieb. Bekannt wurde sie durch ihre Gerichtsreportagen für den *Berliner Börsenkurier.* Ihr Roman *Käsebier erobert den Kurfürstendamm* erschien 1932 im Rowohlt Verlag. 1931 begann sie ihren zweiten Roman, *Effingers*, zu schreiben, der erst 1951 erschien. Sie emigrierte 1933, nachdem eine Horde Nationalsozialisten in ihre Wohnung eingebrochen war und sie verschleppen wollte. Mit ihrem Mann und ihrem Sohn floh sie in die Tschechoslowakei und später nach Palästina. 1938 übersiedelte die Familie nach England. Sie arbeitete neben ihrem großen Roman und anderen Schriften fünfundzwanzig Jahre lang als ehrenamtliche Sekretärin des PEN-Zentrums deutschsprachiger Autoren im Ausland. Sie starb 1982 in London.

Christoph Hein, geboren 1944 in Heinzendorf/Schlesien, aufgewachsen in Düben bei Leipzig, lebt in Berlin. Der Schriftsteller und Dramatiker gilt als *der* Chronist deutsch-deutscher Verhältnisse, als präziser Sezierer einer einst geteilten Nation und als fulminanter Geschichtenerzähler. Er ist mit zahlreichen Preisen ausgezeichnet. *Trutz* ist 2017 im Suhrkamp Verlag erschienen.

Siegfried Kracauer, 1889 in Frankfurt am Main geboren, arbeitete bis 1920 nach seinem Architekturstudium als Architekt, bevor er von 1922 Film- und Literaturredakteur bei der *Frankfurter Zeitung* wurde. 1930 erschien sein Buch *Die Angestellten*, das zum Klassiker der analytisch-dokumentarischen Literatur wurde. Er verlegte seinen festen Wohnsitz 1930, auch als Feuilletonchef der *Frankfurter Zei-*

tung, nach Berlin. 1933, unmittelbar nach dem Reichstagsbrand ging er mit seiner Frau nach Paris, von dort schrieb er weiter für die *FZ*, für *L'Europe Nouvelle* und für die *Neue Zürcher Zeitung.* Anfang 1941 floh er von Marseille nach New York. Gleich nach seiner Ankunft wurde er Mitarbeiter an der *Museum of Modern Film Library*, wo er die Filmpropaganda der Nazis analysierte. Kracauer gilt als der Erfinder der Filmsoziologie. Anders als sein Freund und Kollege Theodor W. Adorno wurde er nach Ende des Zweiten Weltkriegs nicht eingeladen, an ein wissenschaftliches Institut zurückzukehren. 1947 erschien sein Buch *Von Caligari bis Hitler* und wurde ein internationaler Erfolg. In Deutschland kam das Buch erst 1958 verstümmelt auf den Markt. Kracauer starb 1966 in New York.

Hans Sahl, eigentlich Hans Salomon, geboren 1902 in Dresden in einer jüdischen Kaufmannsfamilie. Er wuchs in Berlin auf und studierte Kunst- und Literaturgeschichte in Breslau, München, Leipzig und Berlin und arbeitete von 1926 bis 1932 im Feuilleton verschiedener Zeitungen, dem *Berliner Börsenkurier* und dem *Montag Morgen.* 1933 emigrierte er über Prag und Zürich, wo er Texte für Erika Manns Kabarett *Die Pfeffermühle* schrieb, nach Paris. Als »unerwünschter Ausländer« kam er in französische Internierungslager, konnte aber 1940 nach Marseille fliehen. Von dort gelang ihm die Flucht über Portugal in die USA. Er übersetzte amerikanische Autoren wie Thornton Wilder, Tennessee Williams und Arthur Miller. Er war in New York Kulturkorrespondent der *Neuen Zürcher Zei-*

tung, dann der *Süddeutschen Zeitung*. 1953 kehrte er nach Deutschland zurück. Er lebte in Tübingen, wo er 1993 starb.

Wolfgang Koeppen, geboren 1906 in Greifswald, wo er allein mit seiner Mutter aufwuchs. Sie war Weißwäscherin und Souffleuse am Stadttheater Greifswald. Koeppen konnte aus finanziellen Gründen kein Gymnasium besuchen und machte eine Lehre in einer Buchhandlung. Er hatte viele Jobs: Er war Hilfskoch auf See, Platzanweiser, Fabrikarbeiter, Eisbereiter und Glühlampentester. Er war kleiner Schauspieler und Hilfsregisseur, bis er in Berlin bei Erwin Piscator zum Dramaturgenteam gehörte. 1931 wurde er Mitarbeiter beim *Berliner Börsenkurier*, wo er erste literarische Arbeiten veröffentlichte. Der Verleger Bruno Cassirer finanzierte ihm seinen ersten Roman, *Eine unglückliche Liebe*, der 1934 erschien. Sein zweiter Roman folgte 1935. Anschließend arbeitete er als Drehbuchautor für die Ufa und die *Bavaria*. Den Krieg überlebte Koeppen in Feldafing bei München. Seine große Trilogie *Tauben im Gras, Das Treibhaus* und *Der Tod in Rom* entstand in den fünfziger Jahren. Im Auftrag des Süddeutschen Rundfunks unternahm er Reisen nach Spanien, nach Rom, nach Warschau, in die Sowjetunion, nach London, in die USA und nach England. 1961 schloss er einen Vertrag mit dem Suhrkamp Verlag ab.

Literaturnachweise

Walter Benjamin, »Hauptquartier der Bohème«, in: *Berliner Chronik*, Frankfurt/M. 1970.

Günther Birkenfeld, »Wartesaal des Genius«, in: Hans Erman, *Berliner Geschichten*, Tübingen 1960, zitiert nach: Jürgen Schebera: *Damals im Romanischen Café*, Leipzig 1988.

Bertolt Brecht, *Tagebücher 1920-1922, Autobiographische Aufzeichnungen 1920-1954*, Frankfurt/M. 1975.

Elias Canetti, »Man mußte sich sehen lassen« (1928), in: *Die Fackel im Ohr*, Frankfurt/M. 1986, © 1980, Carl Hanser Verlag GmbH & Co. KG, München.

Géza von Cziffra, »Brechts Stammtisch«*, in: *Der Kuh im Kaffeehaus. Die Goldenen Zwanziger in Anekdoten*, © 1981, LangenMüller in der F. A. Herbig Verlagsbuchhandlung GmbH, München.

Géza von Cziffra, »Wie ich Joseph Roth kennenlernte«, in: *Der heilige Trinker. Erinnerungen an Joseph Roth*, Berlin 2006. © 1989 Ullstein Buchverlage GmbH, Berlin.

Tilla Durieux, *Eine Tür steht offen. Erinnerungen*. Berlin 1971.

Otto Friedrich, *Morgen ist Weltuntergang. Berlin in den zwanziger Jahren*. Berlin 1998.

Sylvia von Harden, »Im Café. Für Ferdinand Hardekopf«, in: *In roten Schuhen tanzt die Sonne sich zu Tod. Lyrik expressionistischer Dichterinnen*, Hg. von Hartmut Vollmer. Hamburg 2014.

Christoph Hein. »Den Namen Trutz solle man sich merken«*, in: *Trutz*, Berlin 2017.

Franz Hessel, »Rundfahrt«, in: *Spazieren in Berlin*, hg. von Moritz Reininghaus, Berlin 2011.

Friedrich Hollaender, »Zwei dunkle Augen: Tango«. Musik + Text:

Friedrich Hollaender, © Rondo-Verlag GmbH. Mit freundlicher Genehmigung. Aus der Revue: *Bei uns um die Gedächtniskirche rum* (1927).

John Höxter, »Mihi est propositum in taberna mori …«, in: *So lebten wir, 25 Jahre Berliner Bohème*, Berlin 1929.

Mascha Kaléko, »Auf einen Cafétisch gekritzelt«, in: *Das lyrische Stenogrammheft*, © für die Texte: 1975, 2012 Gisela Zoch-Westphal, Zürich, © 2016: dtv Verlagsgesellschaft mbH & Co. KG, München.

Erich Kästner, »Das Rendezvous der Künstler«, in: *Sonderbares vom Kurfürstendamm. Berliner Beobachtungen*, Atrium Zürich 2015, © Thomas Kästner.

Silke Kettelhake: *Renée Sintenis. Berlin, Boheme und Ringelnatz*, Berlin 2010.

Irmgard Keun, »Das kunstseidene Mädchen erklärt das Romanische Café«*, in: *Das kunstseidene Mädchen*, München 2003.

Egon Erwin Kisch, »Die Gerächte Bohème«, in: *Gesammelte Werke in Einzelausgaben, Bd. 11*, Berlin 1985.

Klabund, »Ein Bürger spricht«, in: *Die Himmelsleiter, Sämtliche Werke, Bd. 1, Lyrik*, Amsterdam/Atlanta 1998.

Wolfgang Koeppen, »Romanisches Café«, in: *Erzählende Prosa*, Frankfurt/M. 1972.

Wolfgang Koeppen, »Ohne Absicht«. Interview von Marcel Reich-Ranicki, in: *Gespräche und Interviews.* Hg. von Hans-Ulrich Treichel. Berlin 2018.

Wolfgang Koeppen, »Nach der Heimat gefragt«, in: *Gesammelte Werke in sechs Bänden*. Hg. von Marcel Reich-Ranicki in Zusammenarbeit mit Dagmar von Briel und Hans-Ulrich Treichel. Band 5: Berichte und Skizzen II. Frankfurt/M.: 1986.

Siegfried Kracauer, »Café im Berliner Westen«, in: *Straßen in Berlin und anderswo*, Frankfurt/M. 2009.

Anton Kuh, »Ich bin ein Bohemien«, in: *Simplicissimus*, 21. Mai 1928, in: *Werke Bd. 1*, Göttingen 2016.

Anton Kuh, *Hans Nebbich im Glück, Feuilletons, Essays und Publizistik*, Neue Sammlung hg. von Ulrike Lehner, Zürich 1987.
Else Laskar-Schüler, »Unser Café«, in: *Werke und Briefe Band 3.1, Prosa 1903-1920*, hg. von Andreas B. Kilcher und Norbert Oellers, Berlin 1998.
Else Lasker-Schüler, »Unser romanischer Kraal«*, in: *Nachgelassene Schriften, Werke, Bd. 4.1*, Prosa 1921-1945, bearbeitet von Jürgen Skrodzki und Itta Shedletzky, Frankfurt/M. 2001.
Else Lasker-Schüler, *Mein Herz. Ein Liebesroman mit Bildern und wirklich lebenden Menschen*, hg. von Ricarda Dick, Frankfurt/M. 2003.
Rudolf Lenk zitiert nach: Jutta Rosenkranz, *Mascha Kaléko. Biografie*, München 2012.
Walter Mehring zitiert nach: Jutta Rosenkranz, *Mascha Kaléko*, München 2016.
Erich Mühsam, »Boheme«, in: *Ausgewählte Werke Bd. 2, Unpolitische Erinnerungen*, Berlin 1978.
Rainer Maria Rilke, Brief an Karl von der Heydt vom 16. August 1917, in: *Briefe von Gut Böckel, 24. Juli – 2. Oktober 1917*, Bielefeld 2011.
Joachim Ringelnatz zitiert nach: Silke Kettelhake: *Renée Sintenis. Berlin, Boheme und Ringelnatz*, Berlin 2010.
Joseph Roth, »Richard ohne Königreich«, in: *Neue Berliner Zeitung*, 9.1.1923.
Hans Sahl, »die stillen Stunden im Romanischen«*, in: *Der Mann, der sich selbst besuchte. Die Erzählungen und Glossen*, hg. von Nils Kern und Klaus Siblewski, München 2012, © 2012 Luchterhand Literaturverlag, München, in der Penguin Random House Verlagsgruppe GmbH.
Jürgen Schebera, *Vom Josty ins Romanische Café. Streifzüge durch Berliner Künstlerlokale der Goldenen Zwanziger*. Berlin 2020.
Moritz Seeler, »Der Schnorrer« (1927), in: *Bei uns um die Gedächtniskirche rum.*

Gabriele Tergit, »Berlin ist ein Vorort des Nordostens«* (1931), in: *Käsebier erobert den Kurfürstendamm.* Roman. Herausgegeben und mit einem Nachwort von Nicole Henneberg, © Schöffling & Co. Verlagsbuchhandlung GmbH, Frankfurt/M. 2016, S. 74-75.

Kurt Tucholsky, »Café-Kultur« unter dem Pseudonym Ignaz Wrobel, in: *Die Schaubühne* Nr. 10, 7. März 1914.

Georg Zivier, »Darauf ein Schweigemoment«, in: *Das Romanische Café. Erscheinungen und Randerscheinungen rund um die Gedächtniskirche.* Berlinische Reminiszenzen 9, Berlin 1965.

Stefan Zweig, *Die Welt von Gestern. Erinnerungen eines Europäers.* Stockholm 1942.

Die durch * gekennzeichneten Überschriften stammen von der Autorin.

 Bezugspapier: Burkhard Neie, Berlin. Gesetzt in der Schrift Stempel Garamond LT von der Satz-Offizin Hümmer GmbH, Waldbüttelbrunn. Gedruckt auf holzfreies, alterungsbeständiges Werkdruckpapier der Firma Cordier, Bad Dürkheim, von der Memminger MedienCentrum AG. Gebunden in Fadenheftung von der Josef Spinner Großbuchbinderei GmbH, Ottersweier. Dieses Buch wurde klimaneutral produziert: climatepartner.com/14438-2110-1001. Printed in Germany. Erste Auflage 2020.

ISBN 978-3-458-19472-9